A First Spani[

by

Erwin W. Roessler and Alfred Remy

The Echo Library 2006

Published by

The Echo Library

Echo Library
131 High St.
Teddington
Middlesex TW11 8HH

www.echo-library.com

Please report serious faults in the text to complaints@echo-library.com

ISBN 1-40683-314-2

This Reader is the outgrowth of a desire for a textbook that combines simplicity with variety. To make it available for use almost at the very beginning of the Spanish course only the present tense has been employed in the first twenty-three selections and difficult constructions have been consistently avoided.

With one or two exceptions, many changes have been made in the selections taken from Spanish authors in order to adapt them to the needs of the beginner. The greater part of the reading material, however, is either original or adapted from other languages. The questions are intended to aid the pupil in the preparation of his lessons. Teachers may alter or amplify these questions as they see fit.

Suggestions as to the method of treating the text may seem impertinent to some. The authors however merely wish to suggest a method which they have successfully employed:

I. Regular preparation of the advance lesson should be made as follows:

a. Reading of the text by the teacher, a sentence at a time. Each sentence to be translated by a pupil after the new words have been explained by the teacher, in Spanish if possible.

b. A second reading by the teacher, followed by chorus reading of the class.

II. At home the pupil should read the text aloud several times and copy the text once or twice, then study it carefully.

III. In the recitation, translation should be reduced to a minimum, thus allowing a maximum of time for conversation based upon the text. There should also be considerable blackboard work consisting of the questions and answers that were given orally. Repetition of answers by the entire class as well as chorus reading are also profitable. After the reading selection has been thoroughly mastered, oral and written résumés should be given by the pupils.

The authors wish to thank the firm of A. P. Schmidt of Boston for permission to reprint the songs *Bolero* and *Me gustan Todas*. They are especially indebted to Dr. Manuel Barranco for many valuable suggestions and for assistance in proof reading.

ERWIN W. ROESSLEE
ALFRED REMY

4

CONTENTS

POESÍAS

CANCIONES

PREGUNTAS

VOCABULARIO

1. LA ESCUELA

Voy a la escuela. Voy a la escuela el lunes, el martes, el miércoles, el jueves y el viernes. El sábado y el domingo no voy a la escuela. El sábado y el domingo estoy en casa. Soy un discípulo y estoy en la escuela. El discípulo aprende. Aprendo la aritmética, a leer y a escribir. Vd. aprende el español. Todos nosotros aprendemos diligentemente. Algunos discípulos no son diligentes. Algunos son perezosos. El maestro elogia a los discípulos diligentes y a los discípulos obedientes. Él no elogia a los alumnos perezosos.

El maestro enseña. Mi maestro enseña el español. Este maestro enseña las matemáticas y aquel maestro el inglés. El señor Blanco enseña la biología y la química. La señorita Herrera enseña la geografía y la historia. ¿Qué aprende Vd. en la escuela? Aprendo el español, el francés, el álgebra, la biología y la estenografía.

2. EL DISCÍPULO

En nuestra escuela hay muchos discípulos. Carlos, Enrique y Pablo son discípulos. Ana, María y Elvira son discípulas. Juan es diligente. Carlos no es muy diligente. Algunas veces está muy perezoso. Elvira es más diligente que Juan. ¿Quién es más diligente, el discípulo o la discípula? Juan está atento y es obediente. Carlos está desatento y es desobediente. No escucha atentamente. Cuando el maestro habla y explica Carlos no escucha. Él no aprende nada. En muchas escuelas hay discípulos y discípulas. En algunas escuelas hay sólo discípulos y en otras escuelas hay sólo discípulas.

3. LA SALA DE CLASE (I)

La escuela es grande y bonita y tiene muchas salas de clase. La sala de clase es grande y clara y tiene cuatro paredes. Las paredes son blancas o amarillas o verdes. El techo está arriba de nosotros. El techo es siempre blanco. El suelo está debajo de nosotros. El suelo es de madera. La pizarra está en la pared delante de la clase. La pizarra es negra y debajo de ella están la tiza y los cepillos. La tiza es generalmente blanca pero algunas veces es verde, o azul o roja.

Limpiamos la pizarra con el cepillo. En las paredes hay bonitos cuadros. Los cuadros representan vistas de España. En nuestra sala de clase hay también un cuadro del rey Alfonso, uno de Calderón y uno de Cervantes. En la pared detrás del maestro hay un mapa de España y de Portugal.

4. LA SALA DE CLASE (II)

Entramos en la sala de clase por la puerta. La puerta es grande y ancha. Nuestra sala de clase tiene dos puertas y tres ventanas. Las ventanas son de vidrio y por ellas entran en la sala de clase la luz y el aire. En la sala de clase hay muchos bancos para los discípulos. Hay también una mesa para el maestro. La mesa del maestro está delante de la clase y en ella hay muchos libros, lápices y plumas.

Las mesas de los discípulos no son tan grandes como la mesa del maestro. En la mesa del discípulo hay también libros y lápices y plumas. Algunos discípulos tienen plumas fuentes. En mi mesa hay un cuaderno y una gramática. En su mesa de Vd. hay una pluma y papel. En la mesa de él hay un tintero y muchos libros. En el tintero está la tinta que es negra, azul o roja.

5. EL DISCÍPULO EN LA ESCUELA

El discípulo entra en la sala de clase. Él va a su banco y se sienta. Suena la campanilla y principia la lección de español. El maestro pregunta. El discípulo se levanta y responde. Él se sienta, abre su libro y lee una frase, dos frases. Él cierra su libro y repite las frases. Él habla alto y distintamente. Algunas veces habla bajo e indistintamente. Otras veces habla muy lentamente porque no ha estudiado su lección con diligencia.

Hace calor en la sala de clase y un discípulo abre la ventana. Él abre también la puerta. Ahora hace demasiado frío y otro discípulo cierra la ventana y la puerta. Él escribe con la pluma o con el lápiz lo que dicta el maestro. Él va a la pizarra y escribe con la tiza en la pizarra. Después la limpia y va a su banco, se sienta y copia lo que está escrito en la pizarra.

Él escucha siempre con atención y no copia lo que su vecino ha escrito. Él no sopla en la clase. En casa estudia sus lecciones y en la escuela escucha atentamente. Es muy bueno y diligente.

6. UNA LECCIÓN DE ESPAÑOL

El maestro:—¿Qué lección tenemos para hoy?

El discípulo:—Tenemos la quinta lección para hoy. Debemos también aprender de memoria los nombres de los meses y de los días.

El maestro:—¿Dónde empezamos hoy, Federico?

Federico:—Empezamos en la página 20, renglón 6. Debemos traducir dos páginas.

El maestro:—¿Han escrito todos Vds. la traducción?

Pablo:—No he escrito la traducción.

El maestro:—¿Por qué no, Pablo?

Pablo:— Porque estoy malo y tengo todavía dolor de cabeza.

El maestro:—Escriba Vd. la traducción antes de salir de la escuela. Fernando, empiece Vd. a leer. Lea Vd. distinta y lentamente.

Fernando:—El año tiene doce meses. Los meses se llaman: enero, etcétera.

El maestro:—Muy bien. Lean Vds. todos lo que ha leído Fernando. Rodolfo, repita Vd. lo que ha leído la clase.

Rodolfo:—El año tiene doce meses, etc.

El maestro:—León, vaya Vd. a la pizarra y escriba Vd. esta frase.

León se levanta, va a la pizarra, la limpia y escribe la frase en ella y después va a su banco.

Ricardo:—Hay un error. Él tiene una falta de ortografía en la palabra año.

El maestro:— Correcto. Deletree Vd. la palabra. La clase, ¿cuáles son los días de la semana?

La clase:—Los días de la semana son: domingo, lunes, martes, miércoles, jueves, viernes y sábado.

El maestro:—Muy bien. La lección para mañana es: Traducir las páginas 22 y 23. Aprendan Vds. de memoria la descripción del conde. Ahora debemos terminar, la campanilla ha sonado. Hasta mañana, niños.

7. UNA LECCIÓN DE GEOGRAFÍA

La tierra tiene cinco partes o continentes. Ella se divide en cinco partes. Cada parte forma un continente. Las cinco partes son: América, Europa, Asia, África y Oceanía. La América se divide en tres partes, que son: la América del Norte, la América Central y la América del Sur.

Los Estados Unidos están en la América del Norte. La población de los Estados Unidos es de cerca de ciento y diez millones. La capital de los Estados Unidos es Wáshington. En la ciudad de Wáshington hay muchos edificios hermosos. En esa ciudad hay también muchos monumentos conmemorativos.

El presidente de los Estados Unidos vive en esa ciudad. Este país es una república. El presidente es elegido por los ciudadanos de la nación y es elegido por cuatro años.

8. LA FAMILIA

Nuestra familia es grande. Tengo tres hermanos y dos hermanas. Me llamo Carlos. Tengo doce años. Mis tres hermanos se llaman Federico, Antonio y Felipe. Federico tiene quince años, Antonio tiene diez y Felipe tiene seis.

Federico es más grande que Antonio y Felipe. Federico es mayor que yo. Soy menor que Federico. Antonio y Felipe son menores que yo. Nosotros cuatro muchachos somos hijos del señor y de la señora Herrera. Nuestro padre se llama Antonio Herrera y nuestra madre se llama Juana Herrera.

No sólo tengo hermanos, tengo también dos hermanas. Mis hermanas se llaman Ana y María. Ana tiene veinte años y María tiene ocho años.

Los hijos y las hijas de una familia se llaman hermanos. Hermanos significa por consiguiente todos los hijos y todas las hijas de la misma familia. De la misma manera la palabra "padres" significa el padre y la madre.

El padre, la madre, los hijos y las hijas forman una familia. Mi padre y mi madre tienen seis niños o hijos.

El hermano de mi padre es mi tío y el hermano de mi madre es también mi tío. La hermana de mi padre es mi tía. Mi madre tiene también dos hermanas que son también mis tías. Mis tíos y mis tías me traen siempre hermosos regalos. Algunas veces me traen un libro o un juguete, y otras veces me traen alguna cosa de comer, como una torta o una naranja o chocolates.

El padre de mi padre es mi abuelo. La madre de mi padre es mi abuela. Ellos viven todavía. Ellos son mis abuelos paternos. Mis abuelos maternos no viven, han muerto. Mi abuelo paterno es siempre feliz y alegre. Mi abuela paterna está triste porque está enferma. Mi abuelo paterno me cuenta muchos cuentos interesantes.

El hijo de mi tío o de mi tía es mi primo. La hija de mi tío o de mi tía es mi prima. Soy el sobrino de mi tío y de mi tía. Mi hermana Ana es la sobrina de mi tío y de mi tía. Soy el nieto de mis abuelos. Mi hermana María es la nieta de mis abuelos.

9. LAS MONEDAS DE LOS ESTADOS UNIDOS

Las monedas americanas son de oro, de plata, de níquel y de cobre. El oro es un metal. El oro es un metal de mucho valor. La plata es también un metal. La plata no es del mismo valor que el oro, pero es de mucho valor. El níquel y el cobre son metales muy útiles.

¿De qué color son estos metales? El níquel es plomizo, la plata es blanca, el cobre es cobrizo y el oro es amarillo.

La moneda americana de cobre es el centavo. La moneda americana de níquel es la pieza de cinco centavos. Las monedas de plata son las piezas de diez centavos, de veinticinco centavos, de cincuenta centavos o el medio dólar, y el dólar. Las piezas de oro son: la moneda de cinco dólares, la de diez dólares y la de veinte dólares.

Hay también billetes de banco. Los billetes de banco son de papel. Los billetes americanos son de uno, de dos, de cinco, de diez, de veinte, de cincuenta, de cien, de quinientos y de mil dólares.

10. LAS MONEDAS DE ESPAÑA

En España la moneda común es la peseta. La peseta vale diez y nueve centavos, dinero americano. Tiene el mismo valor que un franco. El franco es una moneda francesa. Las monedas de oro son de cinco, de diez, de veinte, de cuarenta, de ochenta y de cien pesetas.

Las monedas de plata son de cinco, de dos, de una y de media peseta. Las de bronce son de diez, de cinco, de dos y de un céntimo. El céntimo es la centésima parte de una peseta.

No hay monedas de níquel en España. Los billetes de banco son de mil, quinientos, cien, cincuenta y veinticinco pesetas. El duro es de plata y vale cinco pesetas.

11. EL AÑO Y LOS MESES

El año tiene trescientos sesenta y cinco días o trescientos sesenta y seis días. Un año común tiene trescientos sesenta y cinco días, pero un año bisiesto tiene un día más. El año bisiesto viene cada cuarto año. Viene una vez en cuatro años.

El año tiene doce meses. Los doce meses del año son: Enero, febrero, marzo, abril, mayo, junio, julio, agosto, septiembre, octubre, noviembre y diciembre. Los meses no tienen el mismo número de días. Algunos meses tienen treinta días y son: Abril, junio, septiembre y noviembre. Otros meses tienen treinta y un días. Estos meses son: Enero, marzo, mayo, julio, agosto, octubre y diciembre.

¿Qué mes tiene menos días? El mes de febrero no tiene más que veintiocho días, pero en los años bisiestos tiene veintinueve.

12. LOS DÍAS DE LA SEMANA

El año tiene cincuenta y dos semanas. Un mes tiene cuatro semanas y dos o tres días más. La semana tiene siete días. Los siete días se llaman: Domingo, lunes, martes, miércoles, jueves, viernes y sábado. El domingo es el primer día. Es el día de reposo. El domingo la gente no trabaja porque es el día de reposo.

Los otros seis días son días de trabajo. La gente trabaja los otros días. Algunos discípulos no están satisfechos con un día de reposo. Ellos reposan también en la escuela. En los Estados Unidos los discípulos van a la escuela los lunes, los martes, los miércoles, los jueves y los viernes. En España los discípulos van a la escuela todos los días de trabajo; pero los miércoles y los sábados ellos van solamente por la mañana.

13. LA CASA

La casa en que vivo está en la calle de Wáshington. El número de la casa es doscientos cuarenta; nuestro cuarto está en el tercer piso. El tercer piso en España no es la misma cosa que en los Estados Unidos. En España el primer piso está arriba. Tengo que subir un tramo de la escalera para llegar al primer piso, dos tramos de la escalera para llegar al segundo piso y tres tramos para llegar al tercer piso.

En el piso bajo hay una tienda y una panadería. Debajo del piso bajo está el sótano. Allí vive nuestro portero. En España el portero vive en el piso bajo, no en el sótano. Ninguna persona puede pasar por allí sino los que viven en la casa o que visitan a alguien. En nuestra casa hay un ascensor. Vamos arriba y abajo en el ascensor. Esto es mucho más fácil que subir o bajar a pie.

La casa es de piedra. No todas las casas son de piedra. Muchas casas en nuestro país son de madera. El tejado de nuestra casa es plano. No son planos todos los tejados. Los tejados de las iglesias son generalmente en declive. En el verano subimos al tejado por la noche, porque allí hace más fresco que en la casa. En frente de la casa está un pequeño parque. Allí jugamos a la pelota en la primavera y en el verano. Jugamos también al tenis y en el otoño jugamos al foot-ball.

14. PROVERBIOS (I)

1. No hay rosa sin espinas.
2. No es oro todo lo que reluce.
3. Más vale pájaro en mano que cien volando.
4. Más vale tarde que nunca.
5. La caridad empieza por nosotros mismos.

6. Todas las aves con sus pares.
7. Tal padre, tal hijo.
8. El hombre propone y Dios dispone.
9. Sobre gusto no hay nada escrito.

15. EL INVIERNO

El invierno es la estación fría. En el invierno los días son muy cortos y las noches son muy largas. Cuando hace mucho frío el agua se hiela y cae nieve. En la zona tórrida no hay hielo ni nieve, y hace siempre calor. En las zonas templadas no hay hielo ni nieve sino en el invierno. En las zonas glaciales hay hielo y nieve durante todas las estaciones.

Los muchachos están alegres cuando hiela y cae la nieve. Entonces patinan en los ríos y en los lagos helados. Hacen pelotas de nieve y se las arrojan unos a otros y juegan a la guerra. Hacen también imágenes de nieve. Cuando ha caído la nieve los muchachos traen sus trineos sobre la nieve.

Cuando deshiela y la nieve desaparece, los niños están muy tristes porque no pueden patinar ni jugar más con pelotas de nieve. Pero los pobres están muy alegres, porque durante el invierno hace demasiado frío para ellos. En la primavera ellos no tienen frío. El invierno dura desde el veintiuno de diciembre hasta el veintiuno de marzo.

16. LA PRIMAVERA

La primavera principia el veintiuno de marzo y dura hasta el veintiuno de junio. La primavera es muy agradable y hermosa. Las flores crecen. Los árboles y los campos se cubren de verdura y los pájaros cantan en ellos. Todos los hombres, las mujeres y los niños están alegres.

Algunas veces hace frío en abril y aún en mayo. Algunas veces, pero no frecuentemente, hay nieve y hielo en abril, y entonces muchas flores y plantas se mueren.

17. EL VERANO

Hemos hablado del invierno y de la primavera. Hay otras dos estaciones que se llaman el verano y el otoño. El verano dura del 21 de junio hasta al 21 de septiembre. En el verano hace mucho calor. Por todas partes se encuentran flores hermosas. Los granos abundan en los campos y los árboles están llenos de fruta.

Al principio del verano los días son más largos y las noches más cortas. Después los días se hacen pequeños y las noches largas.

18. EL OTOÑO

En el otoño se recogen las frutas como las manzanas, las peras, los melocotones y las ciruelas. Los labriegos cosechan el trigo, el maíz, la avena y las patatas. En el otoño se hace el vino de las uvas.

Después de la cosecha los árboles pierden sus hojas. Primero las hojas se ponen castañas, amarillas, rojas o purpúreas y después caen al suelo. Las flores y la vegetación duermen durante el invierno.

19. EL CUERPO HUMANO

El cuerpo humano se compone de tres partes principales que son la cabeza, el tronco y las extremidades. La cabeza es la parte más importante. La cabeza tiene dos partes, la cara y el cráneo. La cara es la parte anterior de la cabeza. En la cara tenemos la frente, la nariz, la boca, la barba, los ojos, las orejas y las mejillas.

La frente es ancha o angosta. La nariz es recta o curva. La boca es grande o pequeña. Los labios son gruesos o delgados. Los ojos son negros, azules, pardos o grises.

Con los ojos vemos todas las gentes y los objetos. Con los oídos oímos la voz humana y todos los sonidos. La oreja es la parte externa del órgano del oído. ¿Ha visto Vd. las orejas de un burro?

Tengo mejillas rojas porque estoy bueno. Los que están malos de salud tienen las mejillas pálidas.

Entre la cabeza y el tronco está el cuello. El corazón, los pulmones y el estómago están en el tronco. Los brazos y las piernas se llaman las extremidades. Los brazos son las extremidades superiores y las piernas son las extremidades inferiores. El codo está a la mitad del brazo.

La mano tiene cinco dedos. El dedo más grueso se llama pulgar. Cada pie tiene también cinco dedos. La rodilla está a la mitad de la pierna. Con las manos trabajamos. Comemos también con las manos. ¿Qué otra cosa hacemos con las manos?

Las piernas y los pies sirven para andar. Ellos sostienen al cuerpo. ¿Dónde está la lengua? ¿Dónde están los dientes? ¿Cuántos dientes tenemos? ¿Para qué sirven los dientes? Para morder y masticar. ¿Para qué sirve la lengua? ¿Qué tenemos en la cabeza? ¿Con qué está cubierta la cabeza? Con los cabellos.

20. MÉJICO

Méjico ocupa casi toda la parte de la América del Norte que está al sur de los Estados Unidos y entre el golfo de Méjico y el océano Pacífico. El clima es cálido, húmedo y malsano a lo largo de la costa, pero fresco y más seco en la parte alta del país.

Hay dos estaciones, la lluviosa y la seca. La mayor parte de las lluvias caen entre los meses de mayo y octubre. Las tierras no muy altas se llaman tierras calientes; las tierras más altas se conocen con el nombre de tierras templadas.

En las tierras calientes, donde el clima es cálido y húmedo, la vegetación es tropical. Allí hay árboles que producen maderas preciosas y duras, tales como la caoba, palo de rosa y ébano. Hay también otros árboles, tales como la palma de coco, el cacao y la quina. Los cafetos abundan en estado silvestre. En esa zona caliente se cosecha maíz, añil, algodón, café, tabaco, caña de azúcar, cacao, plátanos, piñas y fríjoles. Esta región es muy productora de maíz, obteniéndose de dos a cuatro cosechas en un solo año. Colima se distingue por su café superior, Veracruz y Tabasco por la excelente calidad de su tabaco, Oaxaca y Chiapas por su buen café.

Una quinta parte de la población es blanca, descendiendo principalmente de españoles. La mitad de los habitantes son mestizos, descendientes de españoles e indios. La mayor parte son indios o sus descendientes. La población blanca posee la mayor parte del territorio, y la clase obrera es casi toda mestiza. La población entera es de más de 16,000,000.

La ocupación principal es la agricultura. En la región meridional, donde el clima cálido hace la gente perezosa, y donde no hay caminos buenos, muchos de sus habitantes se contentan con obtener suficiente maíz, fríjoles y arroz para satisfacer sus necesidades, y no trabajan ni desean más.

En la región de la meseta los habitantes se dedican a la explotación de la agricultura en grandes fincas o haciendas. Gran parte de la tierra está cubierta de hierba, donde se cría gran cantidad de ganado vacuno, caballos, ovejas y cerdos.

[Illustration: La Catedral y la Plaza]

En el norte hay extensos ranchos donde se crían caballos y ovejas y ganado vacuno. Hay en Méjico más de 20,000 ranchos dedicados a la cría de ganado vacuno. Al presente las minas ricas de Méjico no están desarrolladas completamente. Entre los productos minerales son la plata, el oro, el plomo, el hierro, el cobre, el mercurio, el estaño, el azufre, el petróleo y el carbón.

[Illustration: en la Ciudad de Méjico]

Entre las más antiguas manufacturas del país se encuentran molinos de trigo y aserraderos de valiosas maderas. Es una importante industria la fabricación y destilación de bebidas. El pulque es la bebida nacional de Méjico, y se obtiene del jugo del maguey. Hay también fábricas de papel y de objetos de barro. Hay numerosas fundiciones de hierro y fábricas donde se trabaja lana y el algodón.

Dos terceras partes del valor de las exportaciones provienen de los metales preciosos; la exportación de cueros y ganado sigue en importancia. La exportación de café aumenta constantemente. Los productos manufacturados se reciben principalmente de los Estados Unidos, Alemania, Inglaterra y Francia.

La Ciudad de Méjico es la capital y mayor ciudad de la república; está situada en el Distrito Federal que tiene 220 kilómetros cuadrados. Es una ciudad magnífica. Sus cúpulas y campanarios se elevan majestuosamente. El palacio nacional, fabricado en 1693, domina una plaza hermosa cubierta de árboles y flores. En este edificio se encuentran la residencia del Presidente y las oficinas del gobierno. La catedral, fundada en 1573, es una de las más famosas iglesias del mundo. Hay también la Universidad, fundada en 1553, la Biblioteca

Nacional, museos, teatros. Uno de los edificios más bellos es el de la ópera. Se encuentra en la ciudad todo lo que pertenece a un gran centro comercial.

21. FRASES DE CORTESÍA

El señor Blanco:—Buenos días, señor Valdés. ¿Cómo está Vd.?

El señor Valdés:—Muy bien, señor Blanco, gracias, ¿y Vd.?

El señor B.:—Sin novedad, muy bien, gracias. ¿Y la familia de Vd.? ¿Juan está todavía enfermo?

El señor V.:—Estamos todos bien. Juan está de nuevo en la escuela.

El señor B.:—Recuerdos en casa. ¡Adiós!

El señor V.:—Gracias, hasta mañana.

22. LOS RECREOS

Ninguno trabaja todo el tiempo. Después del trabajo la gente se recrea con diferentes diversiones. Algunos van a paseo por los parques y por los jardines cuando hace buen tiempo. Otros se pasean a lo largo del río o del lago. La gente rica va en coche o automóvil. Algunos montan a caballo o en bicicleta. Durante el verano los ricos van al campo o al balneario.

Otros van a la playa para refrescarse algunas semanas o meses. En el campo la gente juega al tenis y al golfo. Otros reman, navegan, pescan y nadan. El aire en el campo y en la playa es muy fresco y puro y vigoriza a la gente cansada y fatigada.

Algunos ricos hacen un viaje todos los veranos y todas las primaveras a Italia, España, Francia, Alemania, Inglaterra o la Suiza.

23. UNA VISITA

Quiero hacer una visita al señor Valera. Voy a la casa del señor Valera a las dos. Toco la campanilla o llamo a la puerta. Ana, la criada, abre la puerta.

Yo pregunto:—¿Está el señor Valera en casa?

Ana contesta:—Sí, señor, él está en casa.

Digo:—Hágame Vd. el favor de decirle que quiero hablarle. Si él está ocupado en este instante, dígale Vd. que no le incomodaré sino unos tres minutos.

Un momento después la criada viene y dice:—Hágame Vd. el favor de esperar un momento. El señor viene al instante.

El señor Valera viene y dice:—Dispénseme Vd., pero estoy muy ocupado. ¿Qué desea Vd?

Digo:—Vengo a pedir a Vd. un favor. Tengo necesidad de una carta de recomendación.

Él dice:—Con mucho gusto se la daré a Vd.

Contesto:—Mil gracias. Buenas tardes.

24. EL TEATRO

En las ciudades hay muchos teatros. Los teatros principales de Madrid y sus producciones están incluidos en la lista siguiente:

FUNCIONES PARA HOY

REAL.—A las 8 y media (función 48 de abono, 30 del turno segundo): *Paolo e Francesco*, (estreno).

APOLO.—A las 6 (doble): *El entierro de la sardina*, troupe imperial rusa *Olaf* y *Alicia.*—A las 10 y media (sencilla): *El entierro de la sardina* y troupe imperial rusa *Olaf.*—A las 11 y tres cuartos (sencilla): *Alicia.*

PRINCESA.—A las 6 (función especial, a precios especiales): *El hombre que asesinó.*—A las 10 (función especial, a precios especiales): *El hombre que asesinó.*

ESPAÑOL.—A las 5: *El alcalde de Zalamea* y *El señor López.*—A las 10 (función popular): *Malvaloca.*

COMEDIA.—A las 5: *Los vecinos* y *El tren rápido.*—A las 10 (función popular): *Los vecinos* y *El tren rápido.*

LARA.—A las 6 (doble especial): *El amo* (tres actos) y *Pastora Imperio.*—A las 10 y media (doble especial): *Por las nubes* (dos actos) (reprise) y *Pastora Imperio.*

ZARZUELA.—Cinematógrafo.—A las 4 y media: *Salambó.*—A las 6 y media: *Salambó.*—A las 10 y media: *Salambó.* El mayor éxito de Madrid.

PRICE.—A las 5 y media de la tarde: *La corte del Rey Octavio.* (Éxito grandioso.)—A las 10 de la noche: *Sherlock Holmes contra John Raffles* (cuatro actos).

ESLAVA.—A las 4: *La suerte de Salustiano o del Rastro a Recoletos.*—A las 6: *León Zamora y Salamanca.*—A las 10 y media: *León Zamora y Salamanca.*

CÓMICO.—A las 6 (doble): *La sobrina del cura* (dos actos).—A las 9 y media (sencilla): *¡Arriba, caballo moro!* e *Ideal Ricuelo.*—Alas 11 (doble): *La sobrina del cura* (dos actos).

CERVANTES.—A las 6 y media (sección vermouth): *Los ídolos* (dos actos).—A las 10 y media (doble): *Fúcar XXI* (dos actos).

GRAN TEATRO.—Palacio del cinematógrafo. Grandes secciones. A las 4 y media (sencilla), éxito formidable y extraordinario, *El caballo "Fantasma"* (estupendas aventuras policíacas) y otras.—A las 6 y cuarto (doble): *Noche lúgubre*, interpretada por la bellísima actriz Henny Porten (exclusiva); *El caballo "Fantasma"* (proyectada ante SS. MM. y AA.), también exclusivas, y otras.—Palcos, 4 pesetas; butaca, 0,50; general, 0,20.

El jueves, interesantísimo estreno: *El secreto del águila negra.*

INFANTA ISABEL.—*La bailarina velada, Por su paz.*

ROYALTY.—(Génova, 6)—Secciones sencillas a las 4 y 6 de la tarde y 9 y media de la noche. Estreno: *La bailarina velada.* Gran éxito: *Zigomar.*—Butacas, 0,40 y 0,50. Sillones, 0,50.

BENAVENTE.—De 5 a 12 y media, sección continua de cinematógrafo. Todos los días estrenos.

ROMEA.—Cinema y varietés.—A las 7 y a las 11 y media, gala. *Regina, La Troyana, La Argentinita.*

TRIANON-PALACE.—Cinematógrafo selecto a las 5, 7 (gran gala) y 9 y tres cuartos de la noche.—Magnífico programa, renovado diariamente.

Los teatros del cinematógrafo son Zarzuela, Price, Gran Teatro, Infanta Isabel, Royalty, Benavente, Romea y Trianon. En el teatro Romea hay también variedades. Se va al Real para oír las óperas y los conciertos sinfónicos. En el Cervantes, Cómico, Lara, Princesa y Comedia se presentan drama y comedia. Se dedican a las representaciones de zarzuela o de opereta el Apolo y el Español.

25. LOS ÓRGANOS DEL CUERPO HUMANO

Una vez los obreros o ciudadanos pobres de la ciudad de Roma se rebelaron contra los ricos. Su queja era, que mientras que ellos trabajaban siempre y pagaban los impuestos, los ciudadanos ricos de la clase noble nunca trabajaban, y su única ocupación era la de mandar y gobernar. Muy descontentos, resolvieron los obreros abandonar a Roma e irse a un monte cercano, jurando no volver a la ciudad.

Entonces los nobles enviaron a un sabio romano para convencer a los obreros de que debían regresar a la ciudad. El sabio habló a los obreros de esta manera:

Una vez los órganos del cuerpo humano se rebelaron contra el estómago, y muy indignados le dijeron:

—Nosotros trabajamos siempre mientras que tú nunca trabajas.

Los pies se quejaron de que ellos tenían que llevar al cuerpo y andar por todas partes; los ojos se quejaron de que ellos tenían que ver siempre todas las cosas y vigilar constantemente. Las manos dijeron:

—¿Por qué debemos de estar siempre trabajando si tú descansas?

Y la boca gruñó:

—Toda mi vida he sido una tonta. He masticado todas tus viandas, mientras que tú no has hecho más que recibirlas ya preparadas. Busca otra boca.

De esta manera hablaron todos los órganos del cuerpo humano, resolviendo no trabajar más para el estómago.

Pronto, con gran sorpresa, empezaron a sentir el efecto de su rebelión. Los pies se sentían débiles, los ojos se obscurecían y no podían ver, las manos se ponían débiles; y, en fin, todo el cuerpo se iba debilitando, porque el estómago, no habiendo recibido viandas, no podía enviar alimentos y fuerzas a los órganos.

Entonces comprendieron los órganos que habían sido muy necios. Ahora entendían claramente que el estómago también trabajaba y servía a todos, y muy arrepentidos principiaron todos a trabajar nuevamente.

Los obreros romanos oyeron esta parábola y comprendieron su significado, regresando muy contentos a la ciudad a trabajar de nuevo.

Los nobles fueron más prudentes después de esto, y dieron a los obreros mejor paga y mejor trato.

26. EL BRASIL

El Brasil tiene cuatro veces la extensión de Méjico. Es casi tan grande como los Estados Unidos de América, pero tiene solamente una quinta parte de su población. La mayor parte del Brasil no está poblada, porque está cubierta de densas selvas. La vegetación tropical abunda en estas selvas. La mayor parte de la población se halla en la costa sudeste. En las selvas del Brasil se encuentran casi todas las plantas tropicales y los animales de la América del Sur. Hay más de 300 variedades de palmas. Hay también abundancia de maderas de ebanistería y se encuentra allá el árbol de la goma elástica.

En la parte meridional del Brasil se extraen el hierro y el carbón. En la región más al norte, cerca de la costa se encuentran la caña de azúcar, el algodón, el tabaco y el arroz. Los cafetos se encuentran en muchas partes, pero la mayor producción y la mejor calidad de café se obtiene en los campos cerca de Río de Janeiro. El Brasil produce más café que todo el resto del mundo junto.

En el sur del país se cosecha el maíz y el trigo. En el extremo meridional hay extensos criaderos de ganado, y se exporta mucho cuero, sebo, cuernos y huesos de animales. Hay muy pocas fábricas de artículos para la exportación, pero esta industria va en aumento.

El Brasil tiene un comercio más extenso que ningún otro país de la América del Sur. Sus ciudades y puertos principales son el centro de 13,000 kilómetros de ferrocarriles.

La ciudad de Río de Janeiro, situada en un magnífico puerto, es la capital del Brasil y una de las mayores ciudades de la América del Sur. Tiene algunas fábricas y un comercio extenso, especialmente en café.

[Illustration: La Ciudad y el Puerto de Río de Janeiro]

Bahía es la segunda ciudad del Brasil y tiene una buena situación en la bahía de Todos los Santos. Tiene gran comercio en algodón, tabaco y azúcar.

27. LOS POBRES SASTRES

Un herrero de una pequeña ciudad había hurtado un caballo. El dueño halló el caballo en el establo del herrero y le hizo buscar con un guardia municipal. Fué arrestado el herrero y conducido delante de un magistrado. El magistrado le condenó a ser ahorcado.

Entonces se agitó la gente de la ciudad, porque no había más que un solo herrero en la ciudad. Nombraron una delegación, y la delegación fué a ver al magistrado. Uno de ellos dijo al magistrado:

—No tenemos más que este herrero en toda la ciudad, y nos es indispensable. Pero tenemos tres sastres en la ciudad. Podemos perder a uno de estos sastres. Alguno ha de ser ahorcado, esto es claro. Por consiguiente, háganos Vd. el favor de ahorcar a uno de los sastres.

[Illustration]

28. TRES PALABRAS

Un jornalero pobre llegó por la noche a una posada. Estaba muy cansado y tenía hambre y sed. Pero no tenía dinero. Sin dinero no pudo obtener nada. ¿Cómo obtener dinero para comer?

Se sentó a una mesa. A la mesa estaban sentados dos panaderos que comían y bebían. El jornalero les contaba de sus viajes. Su cuento era muy interesante y ellos lo escuchaban atentamente. Finalmente él les dijo:

— Propongo una apuesta. Diré tres palabras que Vds. no pueden repetir.

—Es absurdo,—contestaron los panaderos.—Vd. no puede hacerlo.

—¿Cuánto apuestan Vds.?—dijo el jornalero.

—Un duro,—contestaron los panaderos.

El jornalero empezó:—*Popocatepetl.*—Los panaderos repitieron:—*Popocatepetl.*—El jornalero dijo:—*mercader.*—Los panaderos dijeron:—*mercader.*—Entonces dijo el jornalero con una sonrisa:—*error.*

Los panaderos meditaron mucho, pero no pudieron hallar su error. El jornalero dijo:

—Ensayemos de nuevo.

—Sí, cierto,—dijeron los panaderos.

El jornalero empezó otra vez y dijo:—*hipopótamo.*—Los panaderos:—*hipopótamo.*—El jornalero:—*jirafa.*—Los panaderos:—*jirafa.*

—Otra vez el jornalero dijo con una sonrisa:—*error.*

Intentáronlo tres o cuatro veces. Después de la cuarta vez los panaderos pagaron el duro, pero preguntaron:

—¿Cuál ha sido nuestro error?

El jornalero dijo:—Nunca han pronunciado Vds. la tercera palabra. La tercera palabra fué cada vez: *error.* Por eso Vds. han perdido la apuesta.

29. ANUNCIO DEL ESTRENO DE UNA ÓPERA

TEATRO REAL

La función de esta noche es *Paolo e Francesca.* De gran acontecimiento artístico puede calificarse la función anunciada para esta noche en el Real.

La dirección artística ha puesto especial atención en que el estreno de *Paolo e Francesca* tenga la importancia que merece. A este fin se ha compuesto un programa wagneriano, que, con el estreno de la obra de Mancinelli, completará el espectáculo.

El programa es el siguiente:

Primera parte.—*Parsifal*, preludio; *Tannhäuser*, obertura, Wágner.

Segunda parte.—La ópera en un acto del maestro Mancinelli, *Paolo e Francesca.*

Reparto:—'Francesca', señorita Fitziu; 'Paolo', Sr. Crini; 'Gianciotto', Sr. Segura Tallien; 'Il Matto', Sr. Cortés.

Cuatro damas de Francesca, señoritas Raúl, Aceña, Roldán y García.

Coro de caballeros, cazadores, etc.

Tercera parte.—*Tristan e Iseo*, Preludio y Muerte de Iseo.

Sigfredo, Los Murmullos de la Selva, y *La Walkyria*, Cabalgata, Wágner.

Dirigirá la orquesta el maestro Saco del Valle. La función empezará a las nueve.

30. UN PORTERO EXACTO

Una señora dió orden un día a su portero:

—Di a todas personas que no estoy en casa.

Por la noche, al referirle el portero los nombres de las personas que habían estado a la puerta, pronunció el de la hermana de la señora, y entonces la señora dijo:

—Ya te he dicho que para mi hermana siempre estoy en casa, hombre; debiste haberla dejado entrar.

Al día siguiente salió la señora a hacer unas visitas, y poco después llega su hermana.

—¿Está tu señora en casa?—le pregunta al portero.

—Sí, señora,—contesta éste.

Sube la señora, y busca en balde por todas partes a su hermana. Vuelve a bajar, y le dice al portero:

—Mi hermana debe de haber salido, porque no la he hallado.

—Sí, señora, ha salido, pero me dijo anoche que para Vd. siempre estaba en casa.

31. UNA PIERNA

Un paje sirvió en la comida a su señor una grulla. Esta grulla no tenía sino una pierna, porque la otra se la había comido el paje. El señor dijo:—¿Cómo no tiene esta grulla más que una pierna? Respondió el paje:—Señor, las grullas no tienen sino una pierna.

El amo dijo:—Pués, mañana yo llevaré a Vd. a caza, y verá Vd. que tienen dos, y entonces me lo pagará. Al otro día fueron a caza y toparon con unas grullas que estaban todas sobre un pie. Entonces dijo el paje a su amo:—¡Mire Vd.! como no tienen más de un pie. Refrenó el amo su caballo, diciendo:—¡Ox, ox! y entonces las grullas sacaron la otra pierna y empezaron a volar.

El amo dijo al paje:—¿Ve Vd. como tienen dos? y el paje contestó:—Si Vd. oxea a la grulla del plato, ella también sacará la otra pata.

32. ¿QUÉ DICE DAVID?

Un obispo tenía un criado vizcaíno. Díjole una vez:—Vaya Vd. al carnicero que se llama David y compre al fiado carne para mañana. Después de haber comprado Vd. la carne vaya Vd. a la iglesia, por ser domingo.

Predicando en la iglesia el obispo citaba autoridades de profetas en el sermón, diciendo:—Dice Isaías, profeta...; dice Jeremías, profeta...;—y mirando entonces hacia donde estaba su criado, dijo con énfasis prosiguiendo su sermón:—Pero, ¿qué dice David?

El vizcaíno, su criado, pensando que a él le hablaba el obispo, respondió muy alto:—David dice: 'No daré carne al obispo si primero no paga.'

33. EL CANAL DE SUEZ

El proyecto del canal moderno a través del istmo de Suez, para facilitar el paso de los buques desde el Mediterráneo al Mar Rojo, nació de Napoleón el Grande durante su invasión de Egipto. Pero muchísimos siglos antes de él, esto es, 1,300 años antes de la Era cristiana, se construyó un canal desde un ramal del Nilo hasta el Mar Rojo. Ese canal fué obstruido varias veces por la arena y en el año 767 de nuestra Era fué destruido por el califa Almanzor.

En 1854, un ingeniero francés, Fernando de Lesseps, obtuvo del virrey de Egipto, Said-Bajá, una concesión a favor de una Compañía por espacio de noventa y nueve años para construir un canal navegable a través del istmo. Organizóse la Compañía en 1858 con un capital en acciones de 200,000,000 de francos, que en 1867 fué necesario ampliar con otros 100 millones. Las obras duraron once años.

El canal tiene de un extremo a otro 162 kilómetros de largo; pero una cuarta parte de esa longitud consiste en lagos naturales. La mayor anchura del canal es de unos 100 metros. En algunos puntos es de 60 en la superficie y de 20 al fondo. La profundidad es de 8 metros. El canal se inauguró oficialmente, con gran solemnidad, el 17 de noviembre de 1869, pasando por él 50 buques de un mar a otro. En 1871 utilizaron el canal 765 buques, entre ellos 63 buques de guerra. Por esta vía se acortan considerablemente los viajes de Europa a las Indias y otros puntos de Asia, que antes se hacían por el Cabo de Buena Esperanza.

34. DURA SUERTE

Una vez el Conde de Cero hizo una visita al Barón de Pereza que se lamentó de su dura suerte. Su amigo, el Conde, se admiró mucho y le dijo:—Por Dios, ¿cómo puede Vd. lamentarse? Vd. está bueno. Vd. no tiene que trabajar y abunda en dinero tanto como puede Vd. desear.

—Sí, es verdad,—respondió el Barón, pero no obstante tengo dura suerte. Tengo que vestirme todas las mañanas, y que desvestirme todas las noches. Tengo que masticar todo lo que como y que tragar laboriosamente toda gota de agua y de vino que bebo.

Su amigo respondió:—Pero Vd. no sale de la casa. Por consiguiente Vd. no se pone o quita más que la bata. Su cocinero no prepara sino manjares blandos. Ciertamente el tragar no es trabajo tan terrible.

A esto respondió el Barón con voz lagrimosa:—¡El eterno respirar! ¿No es esto nada? Ni siquiera puedo descontinuar esto cuando duermo.

35. EL MUCHACHO INTELIGENTE

Un muchacho era muy hermoso e inteligente. Mirándole un caballero dijo:—¡Cosa rara! ¡que todos los muchachos hermosos que son inteligentes cuando pequeños son grandes necios cuando son adultos!

El muchacho dijo entonces:—¡Muy inteligente debe haber sido Vd. cuando muchacho!

36. EL CRIADO ERUDITO

Varios amigos, un militar, un poeta, un cura, un usurero y un pintor, estaban de sobremesa discurriendo acerca del valor relativo de algunos grandes hombres. El criado de la fonda los escuchaba encantado.

—Propongo un brindis,—dijo el militar,—por el primer hombre del mundo, por Alejandro Magno.

—¡Protesto!—exclamó el poeta;—el primer hombre del mundo fué Byron!

—¡Profano!—dijo el cura;—el primer hombre del mundo fué San Ignacio de Loyola.

—Proclamo,—chilló el usurero,—por primer hombre del mundo a Malthus.

—¡Protervo!—vociferó el pintor;—el primer hombre del mundo fué Miguel Ángel.

[Illustration]

—¡Pobres señores!—se permitió decir el criado de la fonda.—El primer hombre del mundo fué Adán.

Este despropósito cayó tan en gracia a los amigos, que al acabar de reír ya no se acordaron de su discusión, ni de dar propina al Criado.

37. CONCEPTO FALSO

Fué a matricularse en la antigua Universidad de Alcalá un estudiante de la Alcarria.

—¿Cómo se llama Vd.?—le preguntó el secretario.

—Juan Bautista Combé,—dijo el estudiante.

—¿Viene Vd. a enseñarme ortografía, señor novicio? ¿Cómo se llama Vd.? esto es lo que le pregunto.

—Bautista Combé...

—No sea Vd. impertinente; ya sé que Bautista se escribe con b. ¡Quiero saber el apellido!

38. CHILE

La república de Chile es un país largo y estrecho que está situado entre los Andes y el Océano Pacífico. Aunque en el mapa parece pequeño, sin embargo es tres veces más grande que el Estado de Washington.

La región del norte es desierta y estéril, pero hay allí muchas minas de cobre, plata y oro; estas riquezas minerales no están todavía en completa explotación. La principal riqueza del país es el guano y el salitre que también se encuentran en esta región.

[Illustration: Una Mina de Nitrato]

La región central del país es una zona eminentemente agrícola de clima excelente. Allí se cosecha trigo y otros cereales y se cría gran cantidad de ganado vacuno y lanar. Esta región es la parte mas poblada del país. En la parte del sur hay grandes bosques donde se hallan maderas preciosas de cedro y ciprés.

Las exportaciones principales incluyen plata, cobre, nitratos, bórax, azufre, cereales y vinos. El comercio exterior de Chile en 1913 tuvo un valor de más de $264,000,000.

La población de esta república era cerca de 3,550,000 de habitantes en 1913. La mayor parte de su población desciende de los españoles. Se encuentran en este país descendientes de muchas antiguas y aristocráticas familias de España.

Valparaíso es la ciudad comercial más importante y el principal puerto de mar en el Pacífico. Tiene una magnífica vista en las montañas que rodean a la bahía, y es una ciudad progresista con gran comercio.

Santiago, la capital, tiene una población de cerca de 380,000 de habitantes y es una ciudad hermosa, justamente llamada el "París de los Andes."

39. LOS CUATRO HERMANOS

Un zapatero tenía cuatro hijos que deseando buscar su fortuna por el mundo, dijeron un día a su padre:

—Padre, somos mayores de edad y deseamos viajar por el mundo y buscar fortuna.

—Muy bien,—dijo el zapatero y dio a cada uno de sus hijos un caballo y cien duros para la jornada. Los jóvenes, muy contentos, se despidieron de su padre y partieron en busca de fortuna.

Caminaron los hermanos algún tiempo y al llegar a una encrucijada, donde partían cuatro caminos, el hermano mayor dijo:

—Hermanos míos, separémonos; cada uno tome un camino, busque su fortuna y después de un año nos reuniremos otra vez aquí.

Los cuatro caminos conducían a cuatro ciudades muy hermosas, adonde llegaron los hermanos y cada uno en su ciudad buscó quehacer inmediatamente. El hermano mayor aprendió a zapatero, el segundo estudió para astrólogo, el tercero se convirtió en un buen cazador y el hermano menor se hizo ladrón.

Después de un año los cuatro hermanos se reunieron de nuevo en la encrucijada.

—Gracias a Dios,—dijo el hermano mayor,—todos estamos sanos y salvos y cada uno ha aprendido a hacer algo.

Y juntos regresaron a casa. El padre se puso muy contento al verlos llegar y pidió a sus hijos que le contaran sus aventuras.

Julio, el hijo mayor, dijo que había estado en Toledo y que había aprendido el oficio de zapatero.

—Muy bien,—dijo su padre, es un oficio honrado.

—Pero yo no soy un zapatero vulgar, respondió Julio,—remiendo a la perfección, y no tengo más que decir estas palabras: '¡Remiéndate!' y las cosas viejas quedan como nuevas.

El padre, dudando lo que decía su hijo, le dió un par de zapatos viejos. Julio tomó los zapatos, los puso en frente y dijo: '¡Remiéndate!' Al instante los zapatos se convirtieron en otros relucientes y casi nuevos. El atónito padre exclamó:— ¡Excelente, has aprendido más en Toledo que en la escuela!

Entonces el viejo zapatero preguntó a su segundo hijo, Ramón:—Y tú, Ramón ¿qué has aprendido?—Padre mío, estuve en Madrid y estudié para astrólogo y soy un astrólogo extra-ordinario. No hago más que ver al cielo para saber inmediatamente lo que sucede sobre la tierra.

—¡Maravilloso!—exclamó el padre y dirigiéndose a su tercer hijo Enrique, dijo:—¿Qué oficio has aprendido, Enrique?—Soy cazador, pero un cazador sorprendente. Cuando veo a un animal no hago más que decir: '¡Muérete!' y el animal se muere en seguida.

El padre viendo una ardilla le dijo:—Mata aquella ardilla y creeré lo que dices.—Enrique dijo: '¡Muérete!' y la pobre ardilla cayó muerta. Por fin el zapatero preguntó a su hijo menor Felipe:—¿Qué oficio has aprendido tú?—He aprendido a robar,—respondió Felipe;—pero no soy un ladrón ordinario; no hago más que pensar en la cosa que deseo tener, y esta cosa viene por sí mismo a mis manos.

Como el padre quería ver la ardilla muerta por Enrique, dijo al astrólogo:—¿Dónde está la ardilla?—Debajo de aquel árbol,—respondió Ramón. En seguida Felipe, el ladrón, pensó en la ardilla y ésta apareció al instante sobre la mesa.

El viejo zapatero estaba muy contento y orgulloso de las habilidades de sus hijos. Un día los cuatro hermanos supieron que la princesa Eulalia, la única hija del rey, se había perdido. El rey ofreció su reino y la mano de su hija al caballero que pudiese hallarla y traerla al palacio. Los hermanos fueron al palacio, y dijeron al rey que ellos podían hallar a la princesa. El rey muy contento les repitió su promesa.

Durante la noche el astrólogo miró al cielo y vio en una isla lejana a la princesa, a quien un dragón tenía prisionera. Los cuatro hermanos después de un viaje penoso y largo llegaron a la isla. Cuando el ladrón vio a la princesa que se paseaba por la playa, exclamó:

[Illustration]

—¡Deseo a la princesa en nuestro barco!—e inmediatamente la princesa estuvo en el barco; pero como el dragón vio esto, con rugido terrible se precipitó sobre el barco. El cazador exclamó al instante: '¡Muérete!' y el dragón cayó muerto en el agua. Al caer el dragón chocó con el barco y casi lo hizo pedazos, y cuando ya se hundía el barco, el zapatero dijo: '¡Remiéndate!' y el barco fue remendado.

Apenas regresaron al reino, empezaron los hermanos a altercar entre sí.

—Yo he hallado a la princesa,—dijo el astrólogo,—por lo tanto debe ser mi esposa.

—De ninguna manera,—respondió el ladrón,—la mano de la princesa es mía, porque yo se la robé al dragón.

—¡Necios!—exclamó el cazador,—yo debo ser el marido de la princesa porque yo maté al dragón,—a lo que el zapatero replicó coléricamente:

—La princesa debe ser esposa mía, porque yo remendé el barco y sin mi ayuda todos Vds. estarían muertos.

Después de mucha discusión, y sin poder arreglar nada, los hermanos decidieron ir a ver al rey a su palacio.

—Señor,—le dijeron,—Vuestra Majestad decida quien de nosotros debe casarse con la princesa.

—Muy bien,—dijo el rey,—la cuestión es muy simple; he prometido la princesa al caballero que la encontrase. Por lo tanto ella debe casarse con el astrólogo. Pero como cada uno de Vds. ayudó a la salvación de ella, cada uno debe recibir la cuarta parte de mi reino.

Los hermanos, muy satisfechos con esta distribución, vivieron felices en sus reinos. Cada vez que nacía un príncipe o una princesa los tres solteros aumentaban los impuestos para comprar magníficos regalos para el recién nacido.

40. ADIVINANZAS. (I)

1. ¿En qué se parece un esqueleto a una comida de viernes? En que le falta la carne.

2. ¿Qué es lo que va de Madrid a Toledo sin moverse? El camino.

3. ¿En qué se parece un gallo a un monte? En la cresta.

4. ¿Por qué en invierno sale tarde el sol? Porque, como hace frío, no le da la gana de madrugar.

5. ¿Por qué es más frío el aire en el invierno que en el verano? Porque en el invierno le cierran las puertas de las casas, y tiene que estarse en la calle.

6. ¿Qué es lo que se nos aparece una vez en un minuto, dos veces en un momento, y nunca en un siglo? La letra M.

7. ¿En qué estado se coge un cordero para matarlo? Vivo.

41. ARGENTINA

Argentina es el país más importante de la América del Sur después del Brasil. Está limitada al este por el Atlántico, al oeste por los Andes, al norte y nordeste por Bolivia, el Paraguay, el Brasil y el Uruguay, al sur por Chile y el Atlántico.

Este país es más grande que todo el territorio de los Estados Unidos al este del río Misisipí. Su población en 1912 era de cerca de 7,470,000 de habitantes y va aumentando rápidamente. Argentina podría sostener 70,000,000 de habitantes con mucha facilidad.

Argentina es una república federal, formada por catorce estados, diez territorios y un distrito federal. El poder ejecutivo está confiado a un presidente quien es elegido por seis años. El Congreso nacional, que consiste en la Cámara de Senadores y la Cámara de Diputados, ejerce el poder legislativo. Las provincias se gobiernan por sí solas.

[Illustration: Marcándose el Ganado en Argentina]

La mayor parte de la población se compone de descendientes de los antiguos colonos españoles y de los inmigrantes llegados de algunos países de Europa; especialmente de Italia, Alemania, Francia y España. Gran parte de la población vive en las ciudades; la capital, que es Buenos Aires, tiene por sí sola casi la quinta parte de la población total.

La república Argentina tiene recursos agrícolas inmensos, pero en gran parte todavía no están desarrollados. La mayor parte del país es plana, y en esas planicies o pampas cubiertas de pastos se encuentran millones de reses vacunas, caballos, carneros y cabras. La industria principal, por consiguiente, se relaciona con estos animales.

Sus exportaciones principales son trigo, maíz, avena, lana, cueros, pieles de cabra, carne de res en conserva y helada. Vino y azúcar son también cultivados y exportados. El comercio de Argentina en 1913 representó un valor de $877,000,000 que fué mayor que el de China o del Japón.

Cerca de 33,000 kilómetros de caminos de hierro ponen en comunicación la costa con las ciudades del interior y con Chile.

Buenos Aires es la mayor ciudad de la América del Sur y una de las más grandes del mundo. Es el gran puerto de mar de la Argentina. La mitad de su población es europea, y la ciudad está construida a la manera de las grandes ciudades de la América del Norte y de Europa. Tiene avenidas hermosas, paseos bellos, parques magníficos y edificios monumentales, notablemente el capitolio.

Deben también mencionarse los muelles modernos, un teatro magnífico de la ópera, casinos suntuosos y diarios modernos como "La Prensa." Además de ser un centro comercial, es el lugar donde se hallan excelentes institutos de educación.

42. EL BARBERO DE LA CORUÑA

Un día llegó a una fonda de la Coruña un forastero de gran talle, corpulento y fuerte, con centellantes ojos negros y rostro cubierto de larga y espesa barba. Su vestido negro añadía algo de siniestro a su apariencia.

—¡Posadero!—gritó en voz alta,—tengo mucha hambre y me estoy muriendo de sed. Tráigame algo que comer y una botella de vino. ¡Pronto!

El posadero, medio espantado, corrió a la cocina, y pocos minutos después sirvió una buena comida y una botella de vino al extranjero. Este se sentó a la mesa y comió y bebió con tanto gusto que en menos de diez minutos había devorado todo.

Una vez terminada su comida, preguntó al posadero:— ¿Hay en este pueblo un buen barbero que pueda afeitarme?

—Ciertamente, señor,—contestó el posadero, y llamó al barbero que vivía no lejos de la fonda.

Con su estuche en una mano y el sombrero en la otra, entró el barbero, y haciendo una profunda reverencia preguntó:—¿En qué puedo servir a Vd., señor?

—Aféiteme Vd.,—gritó el forastero con voz de trueno.—Pero le advierto que tengo la piel muy delicada. Si no me corta le daré cinco pesetas, pero si me corta le mataré sin piedad. Ya he matado más de un barbero por esa causa; ¡con que tenga cuidado!—añadió por vía de explicación.

El pobre barbero que se había espantado al oír la aterradora voz de su cliente, ahora temblaba como la hoja de un árbol agitada por el viento otoñal.

El terrible hombre había sacado del bolsillo de su levita un grande y afilado cuchillo y lo había puesto sobre la mesa. Era muy claro que la cosa no era para bromas.

—Perdone Vd., señor,—dijo el barbero con voz trémula,—yo soy viejo y me tiembla la mano un poco, pero voy a enviar a Vd. a mi ayudante, que es joven. Puede Vd. fiarse de su habilidad.

Diciendo esto, salió casi corriendo de la fonda. Cuando estuvo fuera, dando gracias a Dios de haber escapado, decía para sí:—Ese hombre es malo como un demonio; no quiero tener negocios con él. Tengo una esposa y ocho niños y debo pensar en ellos. Es mejor que venga mi ayudante.

A los diez minutos se presentó el ayudante en la fonda.—Mi maestro me ordenó que viniera aquí para...—Sí, su maestro dice que es Vd. un hombre hábil y espero que tenga razón,—le interrumpió el forastero con voz ronca.—Le advierto que tengo la piel muy delicada. Si me afeita sin cortarme le daré cinco pesetas, pero si me corta, le mataré con este cuchillo tan cierto como mi barba es negra.

Al oír esto el ayudante palideció un poco, pero recobrando el ánimo replicó:—Ciertamente, señor, soy muy hábil y tengo una mano muy segura. Tendría mucho gusto en afeitarlo, pero Vd. tiene una barba muy espesa y necesito una navaja muy afilada. Desgraciadamente no tengo ninguna en mi estuche ahora, pero afortunadamente el aprendiz afiló sus navajas esta misma mañana. Le voy hacer venir al instante.

[Illustration]

Con esto escapó precipitadamente diciendo para sí:—¡Cáspita! ¡Ese barbón se parece al mismísimo diablo! Lo que es a mí, no me mata. Que vaya el aprendiz, que es joven. Aquí tiene una buena ocasión de aprender algo. Por fin vino el aprendiz. Era un muchacho de unos diez y seis años, con ojos vivos y cara inteligente.

—¡Ola!—gritó el forastero, soltando una carcajada que hizo retemblar las paredes.

—¿Te atreves tú a afeitarme? Pues bien, muchacho. ¡Mira! Aquí tienes esta pieza de oro y este cuchillo. La moneda de oro vale cinco pesetas y será tuya si me afeitas sin cortarme; pero como eso no es muy fácil, porque tengo la piel muy delicada, te advierto que si me cortas te mataré con este cuchillo.

Y miró al pobre aprendiz con unos ojos que parecían salir chispas centellantes.

Mientras tanto, el muchacho reflexionaba de esta manera:—¡Cinco pesetas! Eso es más de lo que gano en seis meses. Con esa suma me puedo comprar un traje nuevo para la feria y, además, un nuevo estuche. Con que me voy a atrever. Si este bruto mueve el rostro y lo corto, ya sé lo que debo hacer.

Con gran calma saca todo lo necesario de su estuche; sienta al forastero en una silla, y sin el menor miedo pero con mucho cuidado termina el muchacho felizmente la operación.

—Aquí tienes tu dinero,—dijo el terrible matasiete.—¡Chispas, niño! tú tienes más valor que tu maestro y su asistente, y a la verdad mereces el oro. Pero dime: ¿no tenías miedo?

—¿Miedo? ¿Por qué? Vd. estaba enteramente en mi poder. Tenía yo las manos y mi más afilada navaja en la garganta de Vd. Supongamos que Vd. se mueve y yo le corto. Vd. intenta asir el cuchillo para matarme. Yo lo impido y con una sola tajada lo deguello. Eso es todo. ¿Entiende Vd. ahora?

Esta vez fue el forastero el que se puso pálido.

43. EL PERRO DEL VENTRÍLOCUO

Entró una vez en una fonda un ventrílocuo acompañado de su hermoso y muy inteligente perro. Se sentó a una mesa, llamó al mozo y dijo:

—Tráigame Vd. un biftec.

Estaba ya al punto de irse el mozo para ejecutar la orden, cuando se detuvo pasmado. Oyó distintamente que dijo el perro:

—Tráigame a mí también un biftec.

[Illustration]

Estaba sentado a la misma mesa en frente al ventrílocuo un ricazo que tenía más dinero que inteligencia. Éste dejó caer el tenedor y el cuchillo y miró al perro maravilloso. Mientras tanto había vuelto el mozo. Puso un biftec sobre la mesa delante del dueño, y el otro en el suelo delante del perro. Sin hacer caso del asombro general, hombre y perro comieron con buen apetito. Después dijo el dueño:

—Mozo, tráigame Vd. un vaso de vino.—Y añadió el perro:—Tráigame a mí un vaso de agua.

En esto todos en la sala cesaron de comer, y se pusieron a observar esta escena extraordinaria. Volviéndose al ventrílocuo preguntó el ricazo:

—¿Quiere Vd. vender este perro? Nunca he visto animal tan inteligente.

Pero el amo contestó:

—Este perro no se vende. Es mi mejor amigo, y no podemos vivir el uno sin el otro.

Apenas hubo concluido éste, cuando dijo el perro:

—Es verdad lo que dice mi amo. No quiero que me venda.

Entonces el ricazo sacó la bolsa, y poniendo sobre la mesa un billete de quinientos duros sin decir palabra, dirigió al ventrílocuo una mirada interrogativa.

—A fe mía,—dijo éste,—esto ya es otro cantar. Veo ahora que puede hablar también el dinero. Es de Vd. el perro.

Después de haber concluido la comida el ricazo, muy alegre y ufano, partió con el animal, que al momento de salir pronunció con voz casi ahogada de disgusto y de cólera estas palabras:

—Miserable, me ha vendido Vd. Pero juro por todos los santos, que en toda mi vida no diré otra palabra.

44. EL CANAL DE PANAMÁ

Ni los franceses ni los norteamericanos han sido los primeros en intentar esa grande obra. Ya en tiempo de los Reyes Católicos (1515) se buscó una línea acuática a través del istmo. El emperador Carlos V en 1534 pensaba en hacer este canal. Pero las guerras en Europa distrajeron su atención de los asuntos de América y aquel canal no pasó de ser un proyecto.

Pero el éxito alcanzado con la construcción del canal de Suez hizo pensar de nuevo en la conveniencia de construir un canal desde el océano Atlántico al Pacífico, y en el año 1870 envió el gobierno de los Estados Unidos dos comisiones de ingenieros a reconocer el terreno de los istmos de Darién en Colombia, y de Tehuantepec en Méjico, para determinar cuál de las dos vías presentaba menores dificultades y ofrecía mayores ventajas.

Después de varios estudios y no pocos gastos se abandonó la idea de construir el canal por esos dos istmos. Entonces Fernando de Lesseps y otros ingenieros franceses trazaron el proyecto de un canal por el istmo de Panamá y formaron una compañía por acciones para llevarlo a cabo. Se invirtieron en las obras muchos millones, pero el fracaso era inevitable. Entonces el gobierno de los Estados Unidos compró a los franceses y al gobierno de Panamá la concesión en 250 millones de francos.

El día 4 de Mayo de 1904 se hicieron cargo los ingenieros civiles norteamericanos de las obras del canal. Por fin, el día 10 de octubre de 1913, el Presidente de los Estados Unidos, oprimiendo un botón eléctrico, a una distancia de 3,000 kilómetros, hizo saltar el último obstáculo que quedaba en el canal con una carga de 20 toneladas de dinamita. Entonces las aguas del Atlántico se juntaron con las del Pacífico. El primer buque pasó por el canal el 14 de mayo de 1914. El canal fué inaugurado para el tráfico general el 13 de agosto de 1914.

[Illustration: El Canal de Panamá]

El canal, que representa un esfuerzo colosal de ingeniería, tiene unos 72 kilómetros de uno a otro extremo. Su anchura es desde la mínima de 90 metros hasta la máxima de 300, y su menor profundidad es de 12.5 metros. Como su parte más elevada está a 25 metros sobre el nivel del mar, para llegar a ella tendrán que remontar los buques tres esclusas por una vertiente y descender otras tantas por la otra vertiente. Un buque de tonelaje regular emplea de diez a doce horas en ir de un océano a otro. El costo de esta obra colosal, incluyendo el dinero pagado a la compañía francesa y a la República de Panamá, es de 330 millones de dólares.

45. PROVERBIOS. (II)

Cuanto sabes no dirás, cuanto ves no juzgarás, si quieres vivir en paz.
Cuanto mayor es la subida, tanto mayor es la descendida.
Entre padres y hermanos no metas tus manos.
En tierra de ciegos el tuerto es rey.
En cada tierra su uso, y en cada casa su costumbre.
En boca cerrada no entran moscas.
En buen día, buenas obras.
El viejo en su tierra y el mozo en la ajena, mienten de una misma manera.
El tiempo cura al enfermo, que no el ungüento.
El que tiene tejado de vidrio, no tire piedras al de su vecino.
El mozo perezoso por no dar un paso da ocho.
El melón y la mujer, malos son de conocer.
El gato escaldado del agua fría huye.

46. EL COMPETIDOR

Un día a eso de las seis de la tarde llegó a una posada un hombre. Se sentó y demandó:

—¿Puedo obtener que comer por mi dinero?

El posadero, hombre muy cortés y oficioso, replicó con una reverencia profunda:

—Sin duda, señor; mande Vd. lo que desee, y contentaré a Vd.—Y a la verdad, no era mala la cena. Mientras comía con mucho gusto, el posadero preguntó al huésped:

—¿Acaso le gustará a Vd. una botella de vino?

—Me conviene si puedo obtener algo bueno por mi dinero,—repuso el hombre. Concluida la cena, sirvió el café el posadero y demandó otra vez:

—¿Sin duda le gustará a Vd. un excelente tabaco?

—A mí me gusta todo, si puedo obtener algo bueno por mi dinero,—fué la contestación. Al fin el posadero presentó la cuenta que ascendió a cinco pesetas. Sin examinarla ni mirarla el hombre entregó al posadero una vieja pieza de cinco centavos. Éste la rechazó preguntando con cólera:

—¿Qué quiere decir esto? Vd. ha ordenado las mejores cosas. Vale tres pesetas la cena, una peseta el vino y otra peseta los tabacos.

—Yo no he mandado nada,—repuso el hombre.—He pedido que comer por mi dinero, y esta pieza es todo el dinero que tengo.

Estaba el posadero para ponerse muy colérico, cuando se le ocurrió una buena idea.

—Amigo,—dijo con una sonrisa muy fina,—ya no hablaremos más de eso. No me pagará Vd. nada. Le presento a Vd. graciosamente la cena, el vino y los tabacos. Además, tome Vd. este billete de diez pesetas, si quiere hacerme un gran favor. Dos calles más arriba está la posada del León de Oro, cuyo amo es mi competidor. Vaya Vd. al León de Oro, y haga la misma calaverada.

[Illustration]

Tomó el dinero, se lo metió en el bolsillo y se despidió el huésped. Llegado a la puerta se volvió y dijo con burla mal disimulada:

—Muchas gracias y buenas noches. Pero es su competidor de Vd. quien me ha hecho venir aquí.

47. EL ESTUDIANTE DE SALAMANCA

Un estudiante volvía desde Salamanca para su tierra después de haber concluido su curso. Llevaba poco dinero, y así en todas las posadas ajustaba su bolsa con la huéspeda, para que no se le acabase antes de, concluir su viaje. La economía de que usaba era suma. Sucedió que iba a pasar la noche en una posada donde la huéspeda era mujer de lindo entendimiento, lindo modo y mucho agrado. Ella le preguntó qué quería cenar. Respondió que quería un par de huevos.

—¿Nada más, señor licenciado?—dijo la huéspeda. El estudiante contestó:—Me basta, pues yo ceno poco.

Trajéronle los huevos. Mientras comía, la huéspeda le propuso unas truchas muy buenas que tenía. El estudiante resistía a la tentación.

—Mire Vd., señor licenciado,—dijo ella—que son excelentísimas, porque tienen las cuatro efes.

—¿Qué quiere decir eso, las cuatro efes?

—¿Pues no sabe Vd. que las truchas han de tener las cuatro efes para ser magníficas?

—Nunca he oído tal cosa,—repuso el estudiante—y quisiera saber qué cuatro efes son ésas. ¿Qué significa este enigma?

—Yo se lo diré, señor,—respondió la huéspeda.—Quiere decir, que las truchas más sabrosas son las que tienen las cuatro circunstancias de Frescas, Frías, Fritas y Fragosas.

A esto replicó el estudiante:—Ahora comprendo. Pero, señora, si las truchas no tienen otra efe más, no sirven nada para mí.

—¿Qué otra efe más es ésa?

—Señora, que sean Fiadas; porque en mi bolsa no hay con que pagarlas por ahora.

La agudeza del estudiante agradó tanto a la huéspeda, que no sólo le presentó las truchas graciosamente, sino también le llenó la alforja para lo que le restaba de camino.

48. ADIVINANZAS. (II)

1. ¿Quién es él que sin ceremonia, y con el sombrero calado, se sienta delante del rey, del emperador o del presidente de una república? El cochero.

2. ¿En qué años hablan menos las mujeres? En los comunes, porque tienen un día menos que los bisiestos.

3. ¿Dónde se halla el Gran Turco cuando se pone el sol? A la sombra.

4. ¿En qué se parece un viernes a un martes? En que tiene 24 horas.

5. ¿Qué es lo que ponemos sobre la mesa, partimos por la mitad, y sin embargo no comemos? Una baraja de naipes.

6. ¿En qué se parecen una boca y un molino? En las muelas.

7. ¿En qué se parecen un elector y una pelota? En que aquél vota, y ésta bota.

8. ¿En qué se parece Madrid a un cuchillo? En que tiene corte.

49. CUBA

La república de Cuba, llamada la "perla de las Antillas" es la más fértil y la más hermosa de las Antillas. Esta isla es más grande de lo que generalmente se cree, pues tiene casi tantos kilómetros cuadrados como el estado de Pensilvania.

El suelo de Cuba es fecundísimo. Abundan en sus hermosos bosques maderas ricas y en su suelo se encuentran el hierro, el platino y el asfalto. La gran riqueza de la isla, sin embargo, consiste en las vegas de tabaco, de caña de azúcar, de café y de algodón.

Grandes ingenios de caña de azúcar cubren sus ricos valles donde se encuentran las mejores y más modernas maquinarias para la preparación del azúcar. Los campos de tabaco, situados principalmente en la parte occidental de la isla en la provincia Pinar del Río, producen abundante y rico tabaco del cual se hacen los famosos cigarros de la Habana.

[Illustration: El Cultivo de Tabaco, Cuba]

Cuba exporta enormes cantidades de tabaco y de azúcar. Sus exportaciones a los Estados Unidos en 1913 fueron más de $131,000,000; as importaciones de los Estados Unidos fueron cerca de $75,000,000. El valor total del comercio fué cerca de $300,000,000.

Durante muchos años de guerra y revoluciones trataba Cuba de libertarse del dominio español. La última revolución empezó en 1895 y fué terminada con una guerra entre España y los Estados Unidos. Esta guerra terminó en 1898, fecha en que España abandonó todos sus derechos sobre la isla.

La Habana es la capital y el puerto más importante de Cuba. Está situada en una de las más hermosas bahías del mundo. La vista de la bahía es magnífica. El aspecto de la ciudad es también hermoso. La Habana posee edificios hermosos, paseos espléndidos, una universidad y muchas fábricas, principalmente de tabacos. Otros puertos importantes son: Santiago de Cuba, Cienfuegos y Guantánamo.

50. EL TONTO

Vivían en cierto pueblo un labriego y su mujer. Su única fortuna eran su cabana, una vaca y una cabra. El marido, que se llamaba Juan, era muy tonto, tanto que sus vecinos le habían puesto por apodo "El Tonto". Pero María, la esposa, era muy inteligente y a menudo remediaba las tonterías que había hecho su marido.

Una mañana María dijo a Juan:

—Juan, ahora hay feria en la aldea. Vendamos nuestra vaca. Ya es muy vieja, da poca leche y el precio del heno ha subido mucho este año.

Juan después de pensar un poco opinó como su mujer. Se puso su vestido de domingo, tomó su sombrero y se fué al establo para llevar la vaca al mercado.

—Aviva el ojo, Juan, y no te dejes engañar,—dijo la mujer.

—No tengas cuidado, mujer. Tiene que madrugar mucho el que me quiera engañar,—contestó el tonto campesino, que se tenía por muy inteligente.

Juan se fué al establo; pero una vez allí no sabía claramente distinguir cual era la vaca y cual la cabra.

—¡Caramba!—dijo para sí después de cavilar largo rato.—La vaca es más grande que la cabra. Por lo tanto me llevo al animal más grande.

Diciendo esto desató la vaca y se la llevó.

No había andado Juan muchos kilómetros cuando le alcanzaron tres jóvenes, que también iban a la feria. Llevaban estos jóvenes poco dinero, e iban hambrientos y con mucha sed. Cuando vieron al lugareño con su vaca resolvieron darle un chasco. Uno de ellos había de adelantarse y tratar de comprarle la vaca. Poco después el segundo debía hacer lo mismo, y por último el tercero.

—¡Ola, amigo!—saludó el primero.—¿Quiere Vd. vender su cabra? ¿Cuánto vale?

—¿La cabra?—replicó el aldeano atónito.—¿La cabra, dice Vd.?—y con expresión incrédula miraba al comprador y al animal.

—Véndamela—continuó el joven muy serio,—le doy seis pesetas por ella.

—¿La cabra?—continuó repitiendo el lugareño, moviendo la cabeza de un lado a otro.—Yo pensaba que era mi vaca la que llevaba a la feria, y aún ahora mismo, después de mirarla bien, creo que es la vaca y no la cabra.

—¡Caracoles, hombre! No diga Vd. disparates. Esta es la cabra más flaca que he visto en mi vida. Es mejor que guarde mis seis pesetas. Adiós.

Después de algunos minutos el segundo joven alcanzó a Juan.

—Buenos días, amigo,—le dijo afablemente.—Hace muy buen tiempo. ¡Toma!

[Illustration]

¿Qué lleva Vd. aquí? ¿Una cabra? Yo iba a la feria precisamente a comprar una cabra. ¿Quiere Vd. venderme la suya? Le doy cinco pesetas por ella.

El campesino se detuvo, y rasgándose la oreja dijo para sus adentros:

—¡Canario! Aquí esta otro sujeto que dice que traigo la cabra. ¿Será esto posible? Durante todo el camino este animal no ha abierto el hocico. Si sólo hiciera ruido yo podría entonces saber si era la cabra o la vaca. ¡Maldita suerte! La próxima vez que vaya al establo me llevo a mi mujer.

—Pues bien,—continuó el tunante joven,—si no me quiere Vd. vender la cabra, tendré que comprarla en la feria. Pero creo que cinco pesetas es bastante dinero por una cabra tan flaca. Adiós.

Por último llegó el tercer joven.

—¡Ola, amigo! ¿Quiere Vd. vender su cabra?

El pobre campesino no sabía que responder, pero al cabo de un momento de silencio replicó:

—Vd. es el tercero que me habla de una cabra. ¿No puede Vd. ver que el animal que traigo es una vaca?

—Mi buen hombre, es Vd. ciego o está embriagado,—repuso el embustero.—¡Vaya! Un niño puede decirle que su animal no es una vaca, sino una cabra; y, por cierto, muy flaca.

—¡Canastos!—contestó el tonto aldeano.—Recuerdo claramente que he tomado el animal que estaba atado cerca de la puerta. Además, este animal tiene la cola larga, y una cabra tiene la cola más corta.

—No diga Vd. tonterías,—contestó el tunante.—Le ofrezco cuatro pesetas por su cabra.

Diciendo y haciendo, el pícaro sacó del bolsillo cuatro piezas de plata y las hizo sonar.

El pobre lugareño completamente aturdido y ya casi convencido, vendió el animal, recibió el dinero y se volvió a su casa, mientras que los jóvenes siguieron camino a la feria.

La mujer del campesino se indignó mucho cuando su marido le entregó las cuatro pesetas.

—¡Tonto! ¡Estúpido!—exclamó colérica.—Llevaste la vaca que vale a lo menos cincuenta pesetas.

—Pero, ¿que podía hacer yo? Tres hombres, uno después de otro, me aseguraban que llevaba la cabra, y...

—¿Tres hombres? ¡Papanatas!—interrumpió la mujer.—Apuesto a que esos hombres fueron los mismos que pasaron por aquí, y me preguntaron cuál era el camino de la aldea. Sin duda han vendido ya la vaca al primer marchante que encontraron, y se regalan en este momento en alguna posada con el dinero. ¡Pronto! No perdamos tiempo. Múdate de vestido. Ponte tu mejor sombrero para que no te reconozcan. Vamos a devolverles el chasco a esos pícaros, y puede ser que aun podamos recobrar nuestro dinero.

A eso de las doce el tonto y su mujer llegaron a la aldea. Visitaron varias fondas y, como lo sospechó la mujer, los tres pícaros fueron encontrados festejándose en una de aquéllas.

El lugareño y su mujer se sentaron cerca de la mesa donde estaban los pícaros. La mujer llamó al posadero y le refirió en pocas palabras lo que había pasado a su marido.

—Si Vd. nos ayuda,—dijo la mujer al posadero,—podremos recobrar nuestro dinero. Yo propongo esto: Mi marido pide un vaso de vino. Se levanta, revuelve su sombrero, llama a Vd., y Vd. saca de su bolsillo este dinero que yo le doy ahora, y pretende Vd. que la cuenta está pagada.

Mientras tanto los tres pícaros seguían comiendo y bebiendo alegremente sin prestar atención al lugareño. Pero cuando éste se levantó por tercera vez, uno de los tres cayó en ello, y preguntó al posadero la causa de tan extraña conducta.

—¡Calle Vd! ¡Silencio!—respondió éste, haciendo el misterioso.—Ese hombre tiene un sombrero mágico. He oído hablar muchas veces de ese sombrero, pero ésta es la primera vez que veo tal maravilla con mis propios ojos. Viene este campesino, me ordena un vaso de vino, revuelve el sombrero, y al momento suena en mi bolsillo el dinero. Al principio no me parecía eso posible, pero los hechos son más seguros que las palabras.

El bribón, muy sorprendido, se reunió con sus camaradas y les refirió lo que había oído.

—Debemos obtener ese sombrero a cualquier precio,—dijeron los tres al instante.

Se sentaron en la misma mesa que el lugareño, a quien no reconocieron, y trabaron conversación con él.

—Tiene Vd. un sombrero muy bonito, y me gustaría comprarlo. ¿Cuánto vale?—dijo el primero.

El lugareño le miró desdeñosamente y repuso:—Este sombrero no se vende, pues no es un sombrero ordinario como cualquier otro. ¡Ola, posadero!—gritó con voz firme.—Traiga más vino.

Cuando el vino fué servido el lugareño se levantó, revolvió el sombrero, y el posadero sacó al instante el dinero de su bolsillo.

Los tres bribones se quedaron pasmados de asombro, y tanto importunaron al lugareño que éste acabó por exclamar:

—Pues bien, por cincuenta pesetas les venderé el sombrero.

Ésta era la exacta suma en que habían vendido la vaca. Muy alegres entregaron el dinero al lugareño, que tan pronto como tuvo el oro en su bolsillo partió, más contento que unas pascuas.

Los tres bribones también partieron. No habían andado gran distancia cuando llegaron a otra fonda. Uno de ellos propuso que entrasen a probar el sombrero. Después de haber bebido algunas botellas de vino, llamaron a la huéspeda para pagarle. El primero de ellos se levantó, revolvió el sombrero, y todos ansiosamente esperaron el efecto. Pero no sucedió nada. La huéspeda, extrañando tal conducta, les dijo:

—Como Vds. me han llamado yo creía que me iban a pagar.

—Pues meta Vd. la mano en su faltriquera y hallará Vd. el dinero.

La huéspeda lo hizo así, pero no encontró ningún dinero.

—¡Diantre!—dijo el segundo joven, un poco alarmado,—tú no comprendes de esto. Dame el sombrero a mí.

El joven tomó el sombrero, se lo puso, y lo revolvió de derecha a izquierda. Pero todo en balde. La faltriquera de la huéspeda estaba tan vacía como antes.

—Son Vds. unos bobos,—gritó el tercero con impaciencia.—Voy a enseñar a Vds. como debe ser revuelto el sombrero.

Y diciendo esto, revolvió el sombrero muy despacio y con mucho cuidado. Pero observó con gran desaliento que no tuvo mejor éxito que sus compañeros.

Al fin comprendieron que el lugareño les había dado un buen chasco. Su indignación fué tanta que mejor es pasar por alto los epitetos con que adornaron el nombre del lugareño.

Éste al llegar a su casa contó las monedas de oro sobre la mesa exclamando:

—¿No lo dije esta mañana? Tiene que madrugar el que quiera engañarme.

Su mujer no dijo nada, porque era juiciosa, y sabía que el silencio algunas veces es oro.

51. EL PERAL

Recuerdo que a la salida de mi pueblo había un hermosísimo peral que daba gusto verle, particularmente a la entrada de la primavera. No lejos hallábase situada la casa del dueño, y allá vivía Dolores, novia mía.

Tenía mi novia apenas diez y nueve años, y era una niña muy hermosa. Sus mejillas se parecían a las flores del peral. En la primavera y allí, bajo aquel árbol, fué donde yo le dije a ella:

—Dolores mía, ¿cuándo celebraremos nuestras bodas?

Todo en ella sonreía: sus hermosos cabellos con los cuales jugaba el viento, el talle de diosa, el desnudo pie aprisionado en pequeños zapatos, las lindas manecitas que atraían hacia sí la colgante rama para aspirar las flores, la pura frente, los blancos dientes que asomaban entre sus labios rojos,—todo en ella era bello. ¡Ah, cuánto la amaba! A mi pregunta contestó con un rubor que la hacía mas encantadora todavía:

—Cuando empieza la próxima cosecha nos casaremos, si es que no te toca ir al servicio del rey.

[Illustration]

Llegó la época de las quintas. Llegó mi turno y saqué el número más alto. Pero Vicente, mi mejor amigo, tuvo la mala suerte de salir de soldado. Le hallé llorando y diciendo:

—¡Madre mía, mi pobre madre!

—Consuélate, Vicente, yo soy huérfano, y tu madre te necesita. En tu lugar me marcharé yo.

Cuando fuí a buscar a Dolores bajo el peral, encontréla con los ojos humedecidos de lágrimas. Nunca la había visto llorar, y aquellas lágrimas me parecieron mucho más bellas que su adorable sonrisa. Ella me dijo:

—Has hecho muy bien; tienes un corazón de oro. Véte, Jaime de mi alma; yo esperaré tu regreso.

—¡Paso redoblado! ¡Marchen!

Y de un tirón nos metimos casi en las narices del enemigo.

—¡Jaime, manténte firme y no seas cobarde!

Entre las densas nubes de humo negro que oprimían mi pecho descubrí las relucientes bocas de los cañones enemigos, que clamaban a la vez, produciendo grandes destrozos en nuestras filas. Por dondequiera que pasaba, se deslizaban mis pies en sangre aún caliente. Tuve miedo y miré atrás.

Detrás estaba mi patria, el pueblo y el peral cuyas flores se habían convertido en sabrosas frutas. Cerré los ojos y vi a Dolores que rogaba a Dios por mí. No tuve ya miedo. ¡Héme aquí hecho un valiente!

—¡Adelante!... ¡fuego!... ¡a la bayoneta!

—¡Bravo, valiente soldado! ¿Cómo te llamas?

—Mi general, me llamo Jaime, para servir a vuestra señoría.

—Jaime, desde este momento eres capitán.

¡Dolores! Dolores querida, vas a estar orgullosa de mí. Habiendo terminado la campaña victoriosa para nosotros, pedí mi licencia. Henchido el pecho de gratas ilusiones emprendí mi viaje. Y aunque la distancia era larga mi esperanza la hizo corta. Ya casi he llegado. Allá abajo, trás de ese monte, está mi país natal. Al pensar que pronto las campanas repicarán por nuestra boda empiezo a correr. Ya descubro el campanario de la iglesia, y me parece oír el repicar de las campanas.

En efecto, no me engaño. Ya estoy en el pueblo, pero no veo el peral. Me fijo mejor, y noto que ha sido cortado, según parece, recientemente, pues en el suelo y en el sitio donde antes estaba aparecen algunas ramas y flores esparcidas aquí y allá. ¡Qué lástima! ¡Tenía tan hermosas flores! ¡He pasado momentos tan felices cobijado en su sombra!

—¿Por quién tocas, Mateo?

—Por una boda, señor capitán.

Mateo ya no me conocía, sin duda.

¿Una boda? Decía verdad. Los novios entran en este momento en la iglesia. La prometida es—Dolores, mi Dolores querida, más risueña y encantadora que nunca. Vicente, mi mejor amigo, aquél por quien me sacrifiqué, es el esposo afortunado. A mi alrededor oía decir:

—Serán felices, porque se aman.

—Pero ¿y Jaime?—preguntaba yo.

—¿Qué Jaime?—contestaban. Todos me habían olvidado.

Entré en la iglesia, me arrodillé en el sitio más oscuro y apartado, y rogué a Dios me diera fuerzas para no olvidarme de que era cristiano. Hasta pude orar por ellos. Terminada la misa me levanté, y dirigiéndome al lugar donde había estado el peral, recogí una de las flores que en el suelo hallé,—flor ya marchita. Entonces emprendí mi camino sin volver la cabeza atrás.

—Ellos se aman. ¡Que sean muy dichosos!—pude aún decir.

—¿Ya estás de vuelta, Jaime?

—Sí, mi general.

—Oye, Jaime. Tú tienes veinticinco años y eres capitán. Si quieres, te casaré con una condesa.

Saco de mi pecho la marchita flor del peral, y contesto:

—Mi general, mi corazón está como esta flor. Lo único que deseo es un puesto en el sitio de más peligro para morir como soldado cristiano.

Se me concede lo que solicito.

A la salida del pueblo se levanta la tumba de un coronel muerto a los veinticinco años en un día de batalla.

52. EL ESTUDIANTE JUICIOSO

Caminaban juntos y a pie dos estudiantes desde Peñafiel a Salamanca. Sintiéndose cansados y teniendo sed se sentaron junto a una fuente que estaba en el camino. Después de haber descansado y mitigado la sed, observaron por casualidad una piedra que se parecía a una lápida sepulcral. Sobre ella había unas letras medio borradas por el tiempo y por las pisadas del ganado que venía a beber a la fuente. Picóles la curiosidad, y lavando la piedra con agua, pudieron leer estas palabras:

Aquí está enterrada el alma del licenciado Pedro García.

El menor de los estudiantes, que era un poco atolondrado, leyó la inscripción y exclamó riéndose:

—¡Gracioso disparate! Aquí está enterrada el alma. ¿Pues una alma puede enterrarse? ¡Qué ridículo epitafio!

Diciendo esto se levantó para irse. Su compañero que era más juicioso y reflexivo, dijo para sí:

—Aquí hay misterio, y no me apartaré de este sitio hasta haberlo averiguado.

Dejó partir al otro, y sin perder el tiempo, sacó un cuchillo, y comenzó a socavar la tierra alrededor de la lápida, hasta que logró levantarla. Encontró debajo de ella una bolsa. La abrió, y halló en ella cien ducados con un papel sobre el cual había estas palabras en latín:

"Te declaro por heredero mío a tí, cualquiera que seas, que has tenido ingenio para entender el verdadero sentido de la inscripción. Pero te encargo que uses de este dinero mejor de lo que yo he usado de él."

Alegre el estudiante con este descubrimiento, volvió a poner la lápida como antes estaba, y prosiguió su camino a Salamanca, llevándose el alma del licenciado.

53. PROVERBIOS. (III)

Dos amigos de una bolsa, el uno canta y el otro llora.
Dicen los niños en el solejar, lo que oyen a sus padres en el hogar.
De tal palo tal astilla.
De quien pone los ojos en el suelo, no le fíes tu dinero.
Del dicho al hecho hay mucho trecho.
De la mano a la boca se pierde la sopa.
De hombres es errar, de bestias perseverar en el error.
De dineros y bondad, siempre quita la mitad.
Dame donde me siente, que yo haré donde me acueste.
Niño criado de abuelo, nunca bueno.
Costumbres y dineros hacen los hijos caballeros.
Con lo que sana Sancha, Marta cae mala.
Compañía de tres, no vale res.
Cien sastres y cien molineros y cien tejedores son tres cien ladrones.
Cada uno extiende la pierna como tiene la cubierta.

54. EL ESPEJO DE MATSUYAMA

Mucho tiempo há vivían dos jóvenes esposos en lugar muy apartado y rústico. Tenían una hija y ambos la amaban de todo corazón. No diré los nombres de marido y mujer, pero diré que el sitio en que vivían se llamaba Matsuyama, en la provincia de Echigo.

Cuando la niña era aún muy pequeñita, el padre se vió obligado a ir a la gran ciudad, capital del Imperio. Como era tan lejos, ni la madre ni la niña podrían acompañarle, y él se fué solo, despidiéndose de ellas y prometiendo traerles, a la vuelta, muy lindos regalos. La madre no había ido nunca más allá de la cercana aldea, y así no podía desechar cierto temor al considerar que su marido emprendía tan largo viaje; pero al mismo tiempo sentía orgullosa satisfacción de que fuese él, por todos aquellos contornos, el primer hombre que iba a la rica ciudad, donde el rey y los magnates habitaban, y donde había que ver tantos primores y maravillas.

En fin, cuando supo la mujer que volvía su marido, vistió a la niña de gala, lo mejor que pudo, y ella se vistió un precioso traje azul que sabía que a él le gustaba en extremo.

Gran fué el contento de esta buena mujer cuando vió al marido volver a casa sano y salvo. La chiquitina daba palmadas y sonreía con deleite al ver los juguetes que su padre le trajo. Y él no se hartaba de contar las cosas extraordinarias que había visto, durante la peregrinación, y en la capital misma.

—A ti—dijo a su mujer—te he traido un objeto de extraño mérito; se llama espejo. Mírale y dime que ves dentro.

Le dió entónces una cajita chata, de madera blanca, donde, cuando la abrió ella, encontró un disco de metal. Por un lado era blanco como plata mate, con adornos en realce de pájaros y flores, y por el otro, brillante y pulido como cristal. Allí miró la joven esposa con placer y asombro, porque desde su profundidad vió que la miraba, con labios entreabiertos y ojos animados, un rostro que alegre sonreía.

—¿Qué ves?—preguntó el marido encantado del pasmo de ella y muy ufano de mostrar que había aprendido algo durante su ausencia.

—Veo a una linda moza, que me mira y que mueve los labios como si hablase, y que lleva ¡caso extraño! un vestido azul, exactamente como el mío.

[Illustration]

—Tonta, es tu propia cara la que ves,—le replicó el marido, muy satisfecho de saber algo que su mujer no sabía.—Ese redondel de metal se llama espejo. En la ciudad cada persona tiene uno, por más que nosotros, aquí en el campo, no los hayamos visto hasta hoy.

Encantada la mujer con el presente, pasó algunos días mirándose a cada momento, porque, como ya dije, era la primera vez que había visto un espejo, y por consiguiente, la imagen de su linda cara. Consideró, con todo, que tan prodigiosa alhaja tenía sobrado precio para uso de diario, y la guardó en su cajita y la ocultó con cuidado entre sus mas estimados tesoros.

Pasaron años, y marido y mujer vivían aún muy dichosos. El hechizo de su vida era la niña, que iba creciendo y era el vivo retrato de su madre, y tan cariñosa y buena que todos la amaban. Pensando la madre en su propia pasajera vanidad, al verse tan bonita, conservó escondido el espejo, pensando que su uso pudiera engreír a la niña. Como no hablaba nunca del espejo, el padre le olvidó del todo. De esta suerte se crió la muchacha tan sencilla y candorosa como había sido su madre, ignorando su propia hermosura, y que la reflejaba el espejo.

Pero llegó un día en que sobrevino tremendo infortunio para esta familia hasta entonces tan dichosa. La excelente y amorosa madre cayó enferma, y aunque la hija la cuidó con tierno afecto y solícito desvelo, se fué empeorando cada vez más, hasta que no quedó esperanza, sino la muerte.

Cuando conoció ella que pronto debía abandonar a su marido y a su hija, se puso muy triste, afligiéndose por los que dejaba en la tierra y sobre todo por la niña.

La llamó, pues, y le dijo:

—Querida hija mía, ya ves que estoy muy enferma y que pronto voy a morir y a dejaros solos a ti y a tu amado padre. Cuando yo desaparezca, prométeme que mirarás en el espejo, todos los días al despertar y al acostarte. En él me verás y conocerás que estoy siempre velando por ti.

Dichas estas palabras, le mostró el sitio donde estaba oculto el espejo. La niña prometió con lágrimas lo que su madre pedía, y ésta, tranquila y resignada, expiró a poco.

En adelante, la obediente y virtuosa niña jamás olvidó el precepto materno, y cada mañana y cada tarde tomaba el espejo del lugar en que estaba oculto, y miraba en él, por largo rato e intensamente. Allí veía la cara de su perdida madre, brillante y sonriendo. No estaba pálida y enferma como en sus últimos días, sino hermosa y joven. A ella confiaba de noche sus disgustos y penas del día, y en ella, al despertar, buscaba aliento y cariño para cumplir con sus deberes.

De esta manera vivió la niña, como vigilada por su madre, procurando complacerla en todo como cuando vivía, y cuidando siempre de no hacer cosa alguna que pudiera afligirla o enojarla. Su más puro contento era mirar en el espejo y poder decir:

—Madre, hoy he sido como tú quieres que yo sea.

Advirtió el padre, al cabo, que la niña miraba sin falta en el espejo, cada mañana y cada noche, y parecía que conversaba con él. Entonces le preguntó la causa de tan extraña conducta.

La niña contestó:

—Padre, yo miro todos los días en el espejo para ver a mi querida madre y hablar con ella.

Le refirió además el deseo de su madre moribunda y que ella nunca había dejado de cumplirle.

Enternecido por tanta sencillez y tan fiel y amorosa obediencia, virtió él lágrimas de piedad y de afecto, y nunca tuvo corazón para descubrir a su hija que la imagen que veía en el espejo era el trasunto de su propia dulce figura, que el poderoso y blando lazo del amor filial hacía cada vez más semejante a la de su difunta madre.

55. LOS ZAPATOS DE TAMBURÍ

Había en el Cairo un mercader llamado Abou Tamburí, que era conocido por su avaricia; aunque rico, iba pobremente vestido, y tan sucio, que parecía un mendigo. Lo más característico de su traje eran unos enormes zapatones, remendados por todos lados, y cuyas suelas estaban provistas de gruesos clavos.

Paseábase cierto día el mercader por el gran bazar de la ciudad, cuando se le acercaron dos comerciantes a proponerle: el uno la compra de una partida de cristalería, y el otro una de esencia de rosa. Este último era un perfumista que se encontraba en grande apuro, y Tamburí compró toda la partida por la tercera parte de su valor.

Satisfecho con su compra, en lugar de pagar el alboroque a los comerciantes como es costumbre en Oriente, creyó más oportuno el ir a tomar un baño. No se había bañado desde hacía mucho tiempo, y tenía gran necesidad de ello, porque el Corán manda a los creyentes de Mahoma bañarse frecuentemente en agua limpia.

Cuando se dirigía al baño, un amigo que le acompañaba le dijo:

—Con los negocios que acabas de hacer tienes una ganancia muy pingüe, pues has triplicado tu capital. Así es que deberías comprarte un calzado nuevo, pues todo el mundo se burla de ti y de tus zapatos.

—Ya lo había pensado; pero me parece que mis zapatos pueden tirar aún cuatro o cinco meses.

Llegó a la casa de baños, se despidió de su amigo y se bañó. El Cadí fué también a bañarse aquella mañana y en el mismo establecimiento, y como Tamburí saliera del baño antes que él, se dirigió a la pieza inmediata para vestirse. Pero con sorpresa vió que a lado de su ropa, en lugar de sus antiguos zapatos había otros nuevos, que se apresuró a ponerse, creyendo que eran un regalo de alguno de sus amigos. Como ya al encontrarse con zapatos nuevos no tenía necesidad de comprar otros, salió muy satisfecho de la casa de baños.

El Cadí, después de terminar su baño, fué a vestirse; pero en vano sus esclavos buscaron su calzado, tan sólo encontraron los viejos y remendados zapatos de Tamburí.

Furioso el Cadí mandó a un esclavo a cambiar el calzado, y encerró en la cárcel al avaro Tamburí. Éste, al día siguiente, después de pagar la multa que le impuso el Cadí, fué dejado en libertad. Cuando llegó a su casa Tamburí arrojó por la ventana al río los zapatos que habían sido causa de su prisión.

Después de algunos días, unos pescadores, que habían echado sus redes en el río, cogieron entre las mallas los zapatos de Tamburí, pero los clavos de que estaba llena la suela destrozaron los hilos de las redes. Indignados los pescadores, recurrieron al Juez para reclamar contra quien había echado al río indebidamente aquellos zapatos.

El Juez les dijo que en aquel asunto nada podía hacer. Entonces los pescadores cogieron los zapatos, y, viendo abierta la ventana de la casa de Tamburí, los arrojaron dentro, rompiendo todos los frascos de esencia de rosa que el avaro había comprado hacía poco, y con cuya ganancia estaba loco de contento.

[Illustration: Los Zapatos de Tamburí]

—¡Malditos zapatos!—exclamó,—¡cuántos disgustos me cuestan!—Y cogiéndolos, se dirigió al jardín de su casa y los enterró. Unos vecinos que vieron al avaro remover la tierra del jardín y cavar en ella, dieron parte al Cadí, añadiendo que sin duda Tamburí había descubierto un tesoro.

Llamóle el Cadí para exigirle la tercera parte que correspondía al Sultán, y costó mucho dinero al avaro el librarse de las garras del Cadí. Entonces cogió sus zapatos, salió fuera de la ciudad y los arrojó en un acueducto; pero los zapatos fueron a obstruir el conducto del agua con que se surtía la población de Suez.

Acudieron los fontaneros, y encontrando los zapatos se los llevaron al Gobernador, el cual mandó reducir a prisión a su dueño y pagar una multa más crecida aún que las dos anteriores, entregando, no obstante, los zapatos a Tamburí.

Así que se vio Tamburí otra vez en posesión de sus zapatos, resolvió destruirlos por medio del fuego; pero como estaban mojados no logró su objeto.

Para poder quemarlos los llevó a la azotea de su casa con el propósito de que los rayos del sol los secasen.

El destino, empero, no había agotado los disgustos que le proporcionaban los malditos zapatos. Cuando los dejó, varios perros saltaron a la azotea por los tejados y, cogiéndolos, se pusieron a jugar con ellos. Durante el juego, uno de los perros tiró un zapato al aire con tal fuerza que cayó a la calle en el momento en que pasaba una mujer. El espanto, la violencia y la herida que le causó fueron tales que quedó desmayada en la calle. Entonces el marido fué a quejarse nuevamente al Cadí y Tamburí tuvo que pagar a aquella mujer una gruesa multa como indemnización de daños.

Esta vez, desesperado, Tamburí se propuso quemar los endiablados zapatos y los llevó a la azotea, donde se puso de vigilante para evitar que se los llevasen. Pero entonces fueron a llamarlo para finalizar un negocio de cristalería, y la codicia le hizo abandonar su puesto.

No bien dejó la azotea cuando un halcón que revoloteaba sobre la casa, creyendo que los zapatos eran buena presa, los cogió con sus garras y se remontó en los aires. Cansado el halcón, desde cierta altura dejó caer los zapatos sobre la cúpula de la mezquita mayor y los pesados zapatos hicieron considerables destrozos en la cristalería de la cúpula.

Los sirvientes del templo acudieron al ruido, y vieron con asombro que la causa de aquel destrozo eran los zapatos de Tamburí, y expusieron su queja al Gobernador. Tamburí fué preso y llevado a presencia del Gobernador, el que, enseñándole los zapatos, le dijo:

—¿Es posible que no escarmientes? ¡Merecías ser empalado! Pero tengo lástima de ti y sólo te condeno a quince días de cárcel y a una multa para el tesoro del Sultán, y al pago de los destrozos que has causado en la cúpula de la mezquita.

Tamburí tuvo que cumplir su condena; pasó quince días en la cárcel; pagó dos mil cequíes de multa para el tesoro del Sultán y ciento cincuenta por las reparaciones que hubo que hacer en el tejado. Pero las autoridades del Cairo mandaron a Tamburí los zapatos.

Tamburí, después de meditarlo mucho pidió audiencia al Sultán, y éste se la concedió. Hallábase el Sultán rodeado de todos los Cadíes de la ciudad en el Salón del Trono, cuando se presentó Tamburí, y, de hinojos ante el Sultán, le dijo:

—Soberano Señor de los creyentes, soy el hombre más infortunado del mundo; una serie inconcebible de circunstancias fatales ha venido a causar casi mi ruina y hacer que padeciera muchos días de prisión. Causa de todas mis desdichas son estos malditos zapatos, que no puedo destruir ni hacer desaparecer. Ruego a V.M. que me releve de responsabilidad en los sucesos a que estos zapatos puedan dar lugar, directa o indirectamente, pues declaro que desde hoy renuncio por completo a todos mis derechos sobre ellos. No me quejo de las resoluciones del Cadí ni de las del Gobernador, porque han sido justas.

Y diciendo esto, Tamburí colocó los dos zapatos en las gradas del Trono. El Sultán, enterado de las aventuras, rió con todos los cortesanos, y para satisfacer a Tamburí ordenó que en la plaza pública fueran quemados los zapatos.

El verdugo los impregnó de pez y resina y les prendió fuego, y desde aquel momento Tamburí quedó libre y tranquilo.

56. LA PORTERÍA DEL CIELO

El tío Paciencia era un pobre zapatero que vivía y trabajaba en un portal de Madrid. Cuando era aprendiz asistía un día a una conversación entre su maestro y un parroquiano, en la cual éste mantenía que todos los hombres eran iguales. Después de pensar largo rato el aprendiz, al fin preguntó al maestro, si era verdad lo que había oído decir.

—No lo creas,—repuso éste.—Sólo en el cielo son iguales los hombres.

Se acordaba de esta máxima toda su vida, consolándose de sus penas y privaciones con la esperanza de ir al cielo y gozar allá de la igualdad que nunca encontraba en la tierra. En toda adversidad solía decir:—Paciencia, en el cielo seremos todos iguales.—A esto se debía el apodo con que era conocido, y todos ignoraban su verdadero nombre.

En el piso principal de la casa, cuyo portal ocupaba el pobre zapatero, vivía un marqués muy rico, bueno y caritativo. Cada vez que este señor salía en coche de cuatro caballos decía para sí el tío Paciencia:

—Cuando encuentre a vuecencia en el cielo, le diré: 'Amiguito, aquí todos somos iguales'. Pero no era sólo el marqués el que le hacía sentir que en la tierra no fuesen iguales todos los hombres, pues hasta sus amigos más íntimos pretendían diferenciarse de él. Estos amigos eran el tío Mamerto y el tío Macario.

Mamerto tenía una afición bárbara por los toros; y una vez, cuando se estableció una escuela de tauromaquia, estuvo a punto de ser nombrado profesor. Este precedente le hacía considerarse superior al tío Paciencia, quien reconocía esta superioridad y se consolaba con la máxima sabida. Macario era muy feo; pero, no obstante, se había casado con una muchacha muy guapa. Por razones que ignoramos había salido muy mal este matrimonio, y cuando al cabo de veinte años de peloteras murió la mujer, el buen hombre se quedó como en la gloria. Pero poco tiempo después se encalabrinó con otra muchacha muy linda también, y se casó otra vez a pesar de las protestas del tío Paciencia, que consideraba esto una enorme tontería. Como el tío Paciencia nunca había conseguido que las mujeres le amasen, mientras habían amado a pares al tío Macario, éste creía tener cierta superioridad sobre su amigo. El tío Paciencia la reconocía y se consolaba con la máxima que ya sabemos. Un día cuando llovía a cántaros Mamerto quiso asistir a una corrida de toros. El tío Paciencia trató de quitárselo de la cabeza, pero en vano. Al volver a casa Mamerto fué obligado a meterse a la cama a causa de un tabardillo, que al día siguiente se le llevó al otro mundo. Aquel mismo día estaba muy malo el tío Macario de resultas de un sofocón que le había aplicado su mujer. Gracias al tratamiento de su segunda mujer el pobre hombre no podía resistir grandes sustos, y la inesperada noticia de la muerte de su amigo le causó tal sobresalto que expiró casi al instante.

Extrañando que en todo el día no hubiese visto a sus dos amigos el tío Paciencia al anochecer fué a buscarlos. La terrible noticia de la muerte de los dos fué para él como un escopetazo, y aquella misma noche se fué, tras sus amigos tomando el camino del otro mundo.

A la mañana siguiente el ayuda de cámara del marqués entró con el chocolate, y tuvo la imprudencia de decir a éste que el zapatero del portal había muerto al saber que habían espirado casi de repente dos amigos suyos. Como el marqués era un señor muy aprensivo, y como por aquellos días se temía que hubiese cólera en Madrid, se asustó tanto que pocas horas después era cadáver, con gran sentimiento de los pobres del barrio.

El tío Paciencia emprendió el camino del cielo muy contento con la esperanza de gozar eternamente de la gloria, de vivir en el mundo donde todos los hombres eran iguales, de encontrar allí a sus queridos amigos Mamerto y Macario, y de esperar la llegada del marqués para tener con él la anhelada conversación que ya se había repetido para sí mil veces durante su vida. En cuanto a Mamerto no dejaba de tener unas dudillas, porque se acordó de que éste durante la vida había dicho más de una vez:—Por una corrida de toros dejo yo la gloria eterna.

Fué interrumpido en estas reflexiones el tío Paciencia viendo venir del cielo un hombre que daba muestras de la mayor desesperación. Se detuvo pasmado al reconocer a su amigo.

—¿Qué te pasa, hombre?—preguntó al tío Mamerto.

—¿Qué diablo me ha de pasar? Me han cerrado para siempre las puertas del cielo.

—Pero ¿cómo ha sido eso, hombre? Habrá sido por tu pícara afición a los toros.

—Algo ha habido de eso. Escucha. Llegué a la portería del cielo y encontré allí un gran número de personas que aguardaban para entregar el pasaporte para el otro mundo. El portero que revisaba los papeles gastaba mucho tiempo con preguntas y respuestas antes de permitir la entrada. Al oír que rehusó la entrada a un pobre diablo por haber sido demasiado aficionado a los toros, comprendí que ya no había esperanza para mí. Entonces me mezclé entre la gente, aguardando una ocasión para colarme dentro sin que me viera el portero. A los pocos momentos da éste una media vuelta, y ¡zas! me cuelo en el cielo. Daba yo ya las gracias a Dios por haberlo hecho, porque dentro estaba uno como en la gloria. De repente le da la gana al portero de contar los que estaban en la portería, y nota que le falta uno.

—Uno me falta,—grita hecho un solimán.

—Y apuesto una oreja a que es ese madrileño.—Entonces veo que llama a unos músicos que había alrededor de Santa Cecilia, y ellos pasan a la portería. Algunos minutos más tarde oigo que tocan "salida de toros", y yo, bruto de mí, olvidando todo y creyendo que hay corrida de toros en la portería, salgo como una saeta a verla. El portero, soltando la carcajada, me dió con la puerta en los hocicos, diciéndome:—Vaya Vd. al infierno, que afición a los toros como la de Vd. no tiene perdón de Dios.

Ambos continuaron su camino; el tío Paciencia el del cielo, que era cuesta arriba, y el tío Mamerto el del infierno, que era cuesta abajo.

No había andado largo rato cuando tropezó con el tío Macario, que venía también del cielo y marchaba con la cabeza baja. Los dos amigos se abrazaron conmovidos.

—¿Tú por aquí, Paciencia?—dijo el tío Macario.—¿Adonde vas?

—¿Adonde he de ir? Al cielo.

—Difícil será que entres.

—¿Porqué?

—Porque es muy difícil entrar allí.

—¿Y cuál es la dificultad?

—Escucha, y verás. Llegamos otro y yo a la puerta, llamamos, y sale el portero.—¿Qué quieren Vds.? nos pregunta.—¿Qué hemos de querer sino entrar?—contestamos.—¿Es Vd. casado o soltero?—pregunta el portero a mi camarada.—Casado, contesta él.—Pues pase Vd., que basta ya esta penitencia para ganar el cielo, por gordos que sean los pecados que se hayan cometido.—Estuve yo para colarme dentro detrás de mi compañero, pero el portero, deteniéndome por la oreja, me pregunta:—¿Es Vd. casado o soltero?—Casado, dos veces.—¿Dos veces?—Sí, señor, dos veces.—Pues vaya Vd. al limbo, que en el cielo no entran tontos como Vd.

Cada uno seguía su camino. Al fin el tío Paciencia divisó las puertas del cielo, y se estremeció de alegría, considerando que estaba ya a medio kilómetro del mundo donde todos los hombres eran iguales. Cuando llegó a la portería vió que no había en ella un alma. Fué a la puerta y dió un aldabazo muy moderado. Apareció en un ventanillo al lado de la puerta el portero que preguntó:—¿Qué quiere Vd.?

—Buenos días, señor—contestó el tío Paciencia con la mayor humildad, quitándose el sombrero—quisiera entrar en el cielo, donde, según he oído decir, todos los hombres son iguales.

—Siéntese Vd. en ese banco, y espere a que venga más gente. No vale la pena el abrir esta pesada puerta por un solo individuo.

El portero cerró el ventanillo, y el tío Paciencia se sentó en el banco. No estuvo allí mucho tiempo cuando oyó un escandaloso aldabazo. Dirigiendo los ojos en la dirección del ruido Paciencia reconoció a su vecino, el marqués. Al mismo tiempo se oyó desde adentro el portero que gritó con voz de trueno:—¡Hola! ¡Hola! ¿Quién es este bárbaro que está derribando la puerta?

—El excelentísimo señor marqués de la Pelusilla, grande de España de primera clase, caballero de las órdenes de Alcántara, de Calatrava, de Montesa y de la Toisón, miembro de la cofradía del cordón de San Francisco, senador del reino, etc., etc.

Al oír esto el portero abrió de par en par la puerta, quebrándose el espinazo a fuerza de reverencias y exclamando:—Ilustrísima vuecelencia, tenga Vd. la bondad de perdonarme si le he hecho esperar un poco, que yo ignoraba que era

Vd. Ya hemos recibido noticia de la llegada de su excelencia. Pase, vuecelencia, señor marqués, y verá que todo se ha preparado para el recibimiento del caballero más ilustre, piadoso, distinguido y rico de España.

En el centro del cielo se veía la orquesta celeste de ángeles bajo la dirección del arcángel Gabriel. Detrás de ellos estaba colocado un coro de vírgenes todas vestidas de blanco y con coronas de flores. Al lado izquierdo se hallaba un órgano teniendo cañones de oro, delante del cual estaba sentada la Santa Cecilia. Al lado derecho estaba el rey David con una arpa de oro. En una plataforma estaban los célebres músicos que habían destrozado las murallas de Jericó, hace ya muchos Siglos.

[Illustration]

Al primer paso que dió el marqués entonaron éstos una fanfarria que demostraba claramente que no había desmejorado su arte. Casi al mismo instante, luego que el marqués hubo atravesado el umbral, fue cerrada la puerta, y el pobre tío Paciencia no pudo ver nada más. Pero oía harmonías tales como jamás había oído en la tierra.

El tío Paciencia se quedó en su banco cavilando y ponderando todo lo que acababa de ver y oír.—¡Zapatazos!—dijo para sí.—He pasado toda mi vida sufriendo con santa paciencia todos los trabajos y humillaciones de la tierra, creyendo que en el cielo todos los hombres serían iguales. ¿Y qué me sucede? Aquí, a la puerta del cielo he de presenciar la prueba más irritante de desigualdad.

La abierta del ventanillo sacó al tío Paciencia 25 de sus cavilaciones.— ¡Calla!—exclamó el portero, reparando en el tío Paciencia.—¿Qué hace Vd. ahí, hombre?—Señor,—contestó humildemente éste,—estaba esperando...— ¿Porqué no ha llamado Vd., santo varón?—Ya ve Vd., como uno es un pobre zapatero...—¡Qué habla Vd. de pobre zapatero, hombre! En el cielo todos los hombres son iguales.—¿De veras?—exclamó el tío Paciencia, dando un salto de alegría.—Y muy de veras. Categorías, clases, grados, órdenes, todo eso se queda para la tierra. Pase Vd. adentro.

El portero abrió, no toda la puerta como cuando entró el marqués, sino lo justo para que pudiera entrar un hombre. Entró el tío Paciencia, y se detuvo sorprendido. No había ni orquesta ni coro ni músicos. El portero, que adivinó la causa de esta penosa extrañeza, se apresuró a desvanecerla.

—¿Qué es eso, hombre, que se ha quedado Vd. como imagen de piedra?— ¿No me ha dicho Vd. que en el cielo todos los hombres son iguales?—Sí, señor, y he dicho la verdad.—Y entonces, como el marqués...—¡Hombre! no hable Vd. disparates. ¿No ha leído Vd. en la Sagrada Escritura que más fácil es que entre un camello por el ojo de una aguja que un rico en el cielo? Zapateros, sastres, herreros, labradores, mendigos, majaderos, tunantes, éstos llegan aquí a todas horas, y no tenemos por novedad su llegada. Pero se pasan siglos enteros sin que veamos a un señor como el que ha llegado hoy. En tal caso es preciso que echemos la casa por la ventana.

57. REFRANES EN VERSO

El mayor de los males
Es tratar con animales.
Quien sabe reprimir sus pasiones
Evita muchas desazones.
La experiencia
Es madre de ciencia.
Si quieres buena fama
No te dé el sol en la cama.
Gloria vana
Florece y no grana.
Muda el lobo los dientes
Y no las mientes.
Goza de tu poco,
Mientras busca más el loco.
Si la vista no me agrada,
No me aconsejes nada.
Lo que te ha tocado por suerte
No lo tengas por fuerte.
Cada oveja
Con su pareja.
Ande yo caliente
Y ríase la gente.
Hombre prevenido
Nunca fué vencido.
No firmes carta que no leas,
No bebas agua que no veas.
No se tomó a Zamora
En una hora.
Cree el ladrón
Que todos son de su condición.
Poco a poco
Hila la vieja el copo.

58. EL PAPAGAYO, EL TORDO Y LA MARICA

Oyendo un tordo hablar a un papagayo,
Quiso que él, y no el hombre, le enseñara.
Y con sólo un ensayo
Creyó tener pronunciación tan clara,

Que en ciertas ocasiones
A una marica daba lecciones.
Así salió tan diestra la marica
Como aquél que al estudio se dedica
Por copias y por malas traducciones.

59. LA ABEJA Y LOS ZÁNGANOS

A tratar de un gravísimo negocio
Se juntaron los zánganos un día.
Cada cual varios medios discurría
Para disimular su inútil ocio.
Y por librarse de tan fea nota
A vista de los otros animales,
Aún el más perezoso y más idiota
Quería, bien o mal, hacer panales.
Mas como el trabajar les era duro,
Y el enjambre inexperto
No estaba muy seguro
De rematar la empresa con acierto.
Intentaron salir de aquel apuro
Con acudir a una colmena vieja,
Y sacar el cadáver de una abeja
Muy hábil en su tiempo y laboriosa;
Hacerla con la pompa más honrosa
Unas grandes exequias funerales,
Y susurrar elogios inmortales
De lo ingeniosa que era
En labrar dulce miel y blanda cera.

Con esto se alababan tan ufanos,
Que una abeja les dijo por despique:
—¿No trabajáis más que eso? Pues, hermanos,
Jamás equivaldrá vuestro zumbido
A una gota de miel que yo fabrique.

¡Cuántos pasar por sabios han querido
Con citar a los muertos que lo han sido!
¡Y qué pomposamente que los citan!
Mas pregunto yo ahora:—¿Los imitan?

60. LOS HUEVOS

Más allá de las islas Filipinas
Hay una que ni sé cómo se llama,
Ni me importa saberlo, donde es fama
Que jamás hubo casta de gallinas,
Hasta que allá un viajero
Llevó por accidente un gallinero.
Al fin tal fue la cría, que ya el plato

Más común y barato
Era de huevos frescos. Pero todos
Los pasaban por agua, que el viajante
No enseñó a componerlos de otros modos.

Luego de aquella tierra un habitante
Introdujo el comerlos estrellados.
¡Oh, qué elogios se oyeron a porfía
De su rara y fecunda fantasía!
Otro discurre hacerlos escalfados...

¡Pensamiento feliz!... Otro rellenos....
Ahora sí, que están los huevos buenos.
Uno después inventa la tortilla.
Y todos claman ya ¡qué maravilla!

No bien se pasó un año,
Cuando dijo otro:—Sois unos petates.
Yo los haré revueltos con tomates.
Y aquel guiso de huevos tan extraño,
Con que toda la isla se alborota,
Hubiera estado largo tiempo en uso
A no ser porque luego los compuso
Un famoso extranjero "a la Hugonota."

Esto hicieron diversos cocineros.
¡Pero qué condimentos delicados
No añadieron después los reposteros!
Moles, dobles, hilados,
En caramelo, en leche,
En sorbete, en compota, en escabeche.

Al cabo todos eran inventores,
Y los últimos huevos los mejores.
Mas un prudente anciano
Les dijo un día:—Presumís en vano
De esas composiciones peregrinas.
Gracias al que nos trajo las gallinas.
¡Cuántos autores nuevos
No se pudieran ir a guisar huevos
Más allá de las islas Filipinas!

61. LA RANA Y LA GALLINA

Desde su charco una parlera rana

Oyó cacarear a una gallina.
—¡Vaya! le dijo.—No creyera, hermana,
Que fueras tan incómoda vecina.
Y con toda esa bulla ¿qué hay de nuevo?
—Nada, sino anunciar que pongo un huevo.
—¿Un huevo sólo? ¿Y alborotas tanto?
—Un huevo sólo; sí, señora mía.
¿Te espantas de eso, cuando no me espanto
De oírte como graznas noche y día?
Yo, porque sirvo de algo, lo publico.
Tú, que de nada sirves, calla el pico.

62. EL ASNO Y SU AMO

Siempre acostumbra hacer el vulgo necio
De lo bueno y lo malo igual aprecio.
Yo le doy lo peor, que es lo que alaba.
De este modo sus yerros disculpaba
Un escritor de farsas indecentes.
Y un taimado poeta que le oía,
Le respondió en los términos siguientes:
—Al humilde jumento
Su dueño daba paja, y le decía:
¡Toma, pues que con esto estás contento!
Dijólo tantas veces, que ya un día
Se enfadó el asno, y replicó: Yo tomo
Lo que me quieres dar; pero, hombre injusto,
¿Piensas que sólo de la paja gusto?
Dame grano, y verás si me lo como.

Sepa quien para el público trabaja,
Que tal vez a la plebe culpa en vano.
Pues, si en dándole paja come paja,
Siempre que le dan grano, come grano.

63. LA VÍBORA Y LA SANGUIJUELA

—Aunque las dos picamos,—dijo un día
La víbora a la simple sanguijuela,—
De tu boca reparo que se fía
El hombre, y de la mía se recela.

La chupona responde:—Ya, querida;
Mas no picamos de la misma suerte.

Yo, si pico a un enfermo, le doy vida;
Tu, picando al más sano, le das muerte.

Vaya ahora de paso una advertencia:
Muchos censuran, sí, lector benigno
Pero a fe, que hay bastante diferencia
De un censor útil a un censor maligno.

64. ME GUSTAN TODAS

Me gustan todas, me gustan todas,
Me gustan todas en general,
Pero esa rubia, pero esa rubia,
Pero esa rubia me gusta más.

Me gustan todas, me gustan todas,
Me gustan todas en general.
Pero esa rubia, pero esa rubia,
Pero esa rubia me gusta más.

Chiquillo, no digas eso,
Que tu madre te va a pegar.
Mi madre a mí no me pega
Cuando digo la verdad.
Ta-ra-la-la, Ta-ra-la-la, Ta-ra-la-la....

Pero esa rubia, pero esa rubia,
Pero esa rubia me gusta más.

65. BOLERO

1. Cuando los matadores
   Se matan en la corrida,
   Allá vendrán bonitas
   Ver matar o vivir.
   Cuando la campanilla
   Tocará las ocho,
   Allá vendrán bonitas
   Danzar el bolero,
   Danzar el bolero,
   Danzar el bolero.

2. Cuando en sus mantillas
Se pasean a la Alameda,
Allá vendrán bonitas
Con ros' y abanico.
Cuando la campanilla
Tocará las ocho,
Allá vendrán bonitas
Danzar el bolero.

66. HIMNO NACIONAL DE ESPAÑA

MANUEL FENOLLOSA

Quien quisiera ser libre que aprenda...
Que en España hay un pueblo y un rey
El primero dictando las leyes
y el segundo observando la ley
Españoles morir por la Patria,
Por Fernando y la Constitución
Los serviles jurar destruir los
Viva, viva la Constitución.

67. HIMNO NACIONAL DE MÉJICO

JAIME NUÑÓ

Mejicanos al grito de guerra
El acero aprestad y el bridón;
Y retiemble en sus centros la tierra
Al sonoro rugir del cañón.
¡Y retiemble en sus centros la tierra
al sonoro rugir del cañón!

Ciña ¡O patria! tus sienes de oliva,
De la paz el arcángel divino
Que en el cielo tu eterno destino
Por el dedo de Dios se escribió.
Mas, si osare un estraño enemigo
Profanar con su planta tu suelo piensa
¡O patria querida! que el cielo
Un soldado en cada hijo te dió,
Un soldado en cada hijo te dió.

68. HIMNO NACIONAL DE GUATEMALA

RAFAEL ÁLVAREZ

1. ¡Guatemala feliz! Ya tus aras
   No ensangrienta feroz el verdugo;
   Ni hay cobardes que lamen el yugo,
   Ni tiranos que escupan tu faz.

   Si mañana tu suelo sagrado
   Lo profana invasión extranjera
   Pues tinta en sangre tu hermosa bandera
   De mortaja al audaz servirá.

CORO

   Tinta en sangre tu hermosa bandera
   De mortaja al audaz servirá
   Que tu pueblo con ánima fiera
   Antes muerto que esclavo será.

2. Recostada en el Ande soberbio,
   De dos mares al ruido sonoro,
   Bajo el ala de grana y de oro
   Te adormeces del bello quetzal;

   Ave indiana que vive en tu escudo,
   Paladión que protege tu suelo,
   ¡Ojalá que remonte su vuelo
   Más que el cóndor y el águila real!

   CORO.

   Ojalá que remonte su vuelo
   Más que el cóndor y el águila real!
   Y en sus alas levante hasta el cielo
   Guatemala, tu nombre inmortal.

PREGUNTAS

1. LA ESCUELA

1. ¿Adónde va Vd.? 2. ¿Qué días va Vd. a la escuela? 3. ¿Qué días no va Vd. a la escuela? 4. ¿Dónde está Vd. el sábado y el domingo? 5. ¿Qué es Vd.? 6. ¿Qué hace el discípulo? 7. ¿Qué aprende Vd.? 8. ¿Cómo aprende Vd.? 9. ¿Son todos los discípulos diligentes? 10. ¿Elogia el maestro a todos los discípulos? 11. ¿Qué hace el maestro? 12. ¿Qué enseña su maestro de Vd.? 13. ¿Qué enseñan sus maestros diferentes? 14. ¿Quiénes son sus maestros de Vd.?

2. EL DISCÍPULO

1. ¿Hay muchos discípulos en nuestra escuela? 2. ¿Qué son Carlos y Enrique? 3. ¿Qué son Ana y María? 4. ¿Cómo es Juan? 5. ¿Cómo es Carlos? 6. ¿Es Elvira más diligente que Juan? 7. ¿Quién está atento? 8. ¿Quién es obediente? 9. ¿Quién está desatento? 10. ¿Quién no escucha? 11. ¿Quién no aprende nada? 12. ¿Hay discípulos y discípulas en nuestra escuela?

3. LA SALA DE CLASE. (I)

1. ¿Cómo es la escuela? 2. ¿Qué tiene la escuela? 3. ¿Cómo es la sala de clase? 4. ¿Cuántas paredes tiene la sala de clase? 5. ¿De qué color son las paredes? 6. ¿Dónde está el techo? 7. ¿Dónde está el piso? 8. ¿De qué color es el techo? 9. ¿Dónde está la pizarra? 10. ¿De qué color es la pizarra? 11. ¿Qué está debajo de la pizarra? 12. ¿De qué color es la tiza? 13. ¿Con qué limpiamos la pizarra? 14. ¿Qué hay en las paredes? 15. ¿Qué representan los cuadros? 16. ¿Qué cuadros hay en nuestra sala de clase? 17. ¿Qué está en la pared detrás del maestro?

4. LA SALA DE CLASE. (II)

1. ¿Por dónde entramos en la sala de clase? 2. ¿Cómo es la puerta? 3. ¿Cuántas puertas tiene nuestra sala de clase? 4. ¿Cuántas ventanas? 5. ¿Por dónde entran la luz y el aire en la sala de clase? 6. ¿Qué hay en la sala de clase? 7. ¿Qué hay en la mesa del maestro? 8. ¿Qué hay en las mesas de los discípulos? 9. ¿Dónde está la tinta? 10. ¿De qué color es la tinta? 11. ¿Qué tienen los discípulos? 12. ¿Con qué escriben? 13. ¿En qué escriben? 14. ¿Escribe Vd. en la gramática?

5. EL DISCÍPULO EN LA ESCUELA

1. ¿Quién entra en la sala de clase? 2. ¿Adónde va el discípulo? 3. ¿Qué hace? 4. ¿Qué suena? 5. ¿Qué principia? 6. ¿Quién pregunta? 7. ¿Qué hace el alumno? 8. ¿Qué abre? 9. ¿Qué lee? 10. ¿Qué hace después? 11. ¿Cómo habla él algunas veces? 12. ¿Por qué habla lentamente? 13. ¿Qué hace el discípulo cuando hace calor? 14. ¿Qué hace cuando hace demasiado frío? 15. ¿Con qué escribe? 16. ¿Qué hace el discípulo en la pizarra? 17. ¿Con qué escribe en la pizarra? 18. ¿Qué hace él después? 19. ¿Cómo escucha el discípulo? 20. ¿Copia él lo que su vecino ha escrito? 21. ¿Qué estudia él en casa? 22. ¿Cómo es el discípulo?

7. UNA LECCIÓN DE GEOGRAFÍA

1. ¿Cuántas partes tiene la tierra? 2. ¿Cuántos continentes? 3. ¿En cuántas partes se divide la tierra? 4. ¿Qué forma cada parte? 5. ¿Cuáles son las cinco partes? 6. ¿En cuántas partes se divide la América? 7. ¿Cómo se llaman estas partes? 8. ¿Dónde están los Estados Unidos? 9. ¿Cuál es la población de los Estados Unidos? 10. ¿Cómo se llama la capital de los Estados Unidos? 11. ¿Qué hay en la ciudad de Washington? 12. ¿Dónde vive el presidente de los Estados Unidos? 13. ¿Es una monarquía este país? 14. ¿Por quiénes es elegido el presidente?

8. LA FAMILIA

1. ¿Es pequeña nuestra familia? 2. ¿Cuántos hermanos tiene Vd.? 3. ¿Cuántas hermanas? 4. ¿Cómo se llama Vd.? 5. ¿Cuántos años tiene Vd.? 6. ¿Cómo se llaman sus hermanos y hermanas? 7. ¿Cuántos años tienen sus hermanos? 8. ¿Sus hermanas? 9. ¿Quién es más grande que Vd.? 10. ¿Quién es mayor que Vd.? 11. ¿Quién es menor que Vd.? 12. ¿Cómo se llama su padre de Vd.? 13. ¿Su madre de Vd.? 14. ¿Cómo se llaman los hijos y las hijas de una familia? 15. ¿Qué significa "hermanos"? 16. ¿Qué significa la palabra "padres"? 17. ¿Quiénes forman una familia? 18. ¿Cuántos niños tienen sus padres de Vd.? 19. ¿Tiene Vd. tíos y tías? 20. ¿De quién es hermano su tío de Vd.? 21. ¿Qué traen siempre sus tíos y sus tías? 22. ¿Tiene Vd. un abuelo o una abuela? 23. ¿Qué es un abuelo? 24. ¿Una abuela? 25. ¿Está triste su abuelo paterno? 26. ¿Es feliz su abuela materna? 27. ¿Qué es el hijo de su tío? 28. ¿Qué es la hija de su tío? 29. ¿Qué es un sobrino? 30. ¿Qué es un nieto? 31. ¿Una nieta?

9. LAS MONEDAS DE LOS ESTADOS UNIDOS

1. ¿De qué metales son las monedas americanas? 2. ¿Qué es el oro? 3. ¿Es un metal de poco valor el oro? 4. ¿Qué otros metales hay? 5. ¿Es la plata del mismo valor que el oro? 6. ¿Son el níquel y el cobre inútiles? 7. ¿Cuál es la moneda americana de cobre? 8. ¿Cuál es la moneda americana de níquel? 9. ¿Cuáles son las monedas americanas de plata? 10. ¿De oro? 11. ¿Cuáles son los billetes de banco? 12. ¿Son los billetes de metal?

10. LAS MONEDAS DE ESPAÑA

1. ¿Cuál es la moneda común de España? 2. ¿Cuánto vale la peseta en dinero americano? 3. ¿Cuánto vale un franco? 4. ¿Qué es el franco? 5. ¿Cuáles son las monedas de oro en España? 6. ¿Cuáles son las monedas de plata en España? 7. ¿Cuáles son las monedas de bronce? 8. ¿Qué es un céntimo? 9. ¿Hay monedas de níquel en España? 10. ¿Cuáles son los billetes de banco en España?

11. EL AÑO Y LOS MESES

1. ¿Cuántos días tiene el año común? 2. ¿Cuántos días tiene el año bisiesto? 3. ¿Cuándo viene el año bisiesto? 4. ¿Cuántos meses tiene el año? 5. ¿Cómo se llaman los meses del año? 6. ¿Tienen los meses el mismo número de días? 7. ¿Qué meses tienen treinta días? 8. ¿Treinta y un días? 9. ¿Cuántos días tiene el mes de febrero?

12. LOS DÍAS DE LA SEMANA

1. ¿Cuántas semanas tiene el año? 2. ¿Cuántas semanas tiene un mes? 3. ¿Cuántos días tiene una semana? 4. ¿Cómo se llaman los días de la semana? 5. ¿Cuál es el primer día? 6. ¿Cuál es el día de reposo? 7, ¿Cuáles son los días de trabajo? 8. ¿Qué hacen algunos discípulos en la escuela? 9. ¿Qué días van a la escuela los discípulos en los Estados Unidos? 10. ¿En España?

13. LA CASA

1. ¿Dónde está la casa en que vive Vd.? 2. ¿Cuál es el número de su casa? 3. ¿En qué piso está su cuarto de Vd.? 4. ¿Es el tercer piso en España la misma cosa que en los Estados Unidos? 5. ¿Dónde está el primer piso en España? 6. ¿Cómo llego al primer piso? 7. ¿Al segundo piso? 8. ¿Qué hay en el piso bajo? 9. ¿Qué está debajo del piso bajo? 10. ¿Quién vive en el sótano en Nueva York? 11. ¿Dónde vive el portero en España? 12. ¿Hay un ascensor en su casa de Vd.? 13. ¿Es su casa de piedra o de madera? 14. ¿Cómo es el tejado de su casa? 15. ¿Cómo son los tejados de las iglesias? 16. ¿Adónde subimos en el verano por la noche? 17. ¿Por qué? 18 ¿Qué está en frente de la casa? 19. ¿Qué jugamos allí en la primavera? 20. ¿En el verano? 21. ¿En el otoño?

15. EL INVIERNO

1. ¿Cómo es el invierno? 2. ¿Cómo son los días en el invierno? 3. ¿Cómo son las noches en el invierno? 4. ¿Cuándo hiela? 5. ¿Cuándo cae nieve? 6. ¿Hay hielo y nieve en la zona tórrida? 7. ¿Hace frío en la zona tórrida? 8. ¿Cuándo hay hielo y nieve en las zonas templadas? 9. ¿Cuándo hay hielo y nieve en las zonas glaciales? 10. ¿Cuándo están alegres los muchachos? 11. ¿Qué hacen los muchachos en el invierno? 12. ¿Dónde patinan ellos? 13. ¿Qué hacen ellos de nieve? 14. ¿Qué traen los muchachos sobre la nieve? 15. ¿Cuándo están tristes los muchachos? 16. ¿Por qué? 17. ¿Cuándo están alegres los pobres? 18. ¿Tienen ellos frío en la primavera? 19. ¿Cuánto tiempo dura el invierno? 20. ¿Cuántos meses tiene el invierno? 21. ¿Cuáles son los nombres de ellos?

16. LA PRIMAVERA

1. ¿Cuándo principia la primavera? 2. ¿Cuánto tiempo dura la primavera? 3. ¿Cómo es la primavera? 4. ¿Qué crecen? 5. ¿Qué se cubre de verdura? 6. ¿Dónde están los pájaros? 7. ¿Qué hacen? 8. ¿Cómo se sienten todos los hombres en la primavera? 9. ¿Por qué? 10. ¿Hace frío en la primavera? 11. ¿Hay hielo y nieve en la primavera? 12. Cuando hace frío en la primavera ¿qué muere?

17. EL VERANO

1. ¿De qué hemos hablado? 2. ¿Hay otras estaciones? 3. ¿Cómo se llaman? 4. ¿Cuánto tiempo dura el verano? 5. ¿Hace frío en el verano? 6. ¿Qué se encuentra por todas partes? 7. ¿Qué se encuentran en los campos? 8. ¿De qué están llenos los árboles? 9. ¿Cómo son los días al principio del verano? 10. ¿Cómo son las noches? 11. ¿Cómo se hacen los días entonces? 12. ¿Las noches?

18. EL OTOÑO

1. ¿Qué se recoge en el otoño? 2. Diga Vd. los nombres de algunas frutas. 3. ¿Qué cosechan los labriegos? 4. ¿Qué se hace de las uvas? 5. ¿Cuándo se hace el vino? 6. ¿Cuándo pierden los árboles sus hojas? 7. ¿Cómo se ponen las hojas primero? 8. ¿Cuándo caen las hojas al suelo? 9. ¿Qué hacen las flores durante el invierno?

19. EL CUERPO HUMANO

1. ¿De cuántas partes se compone el cuerpo humano? 2. ¿Cuáles son las tres partes? 3. ¿Cuál es la parte más importante? 4. ¿Cuántas partes tiene la cabeza? 5. ¿Cuáles son estas dos partes? 6. ¿Qué parte de la cabeza es la cara? 7. ¿Qué tenemos en la cara? 8. ¿Cómo es la frente? 9. ¿Cómo es la nariz? 10. ¿Cómo es la boca? 11. ¿Cómo son los labios? 12. ¿De qué color son los ojos? 13. ¿Qué hacemos con los ojos? 14. ¿Qué vemos con los ojos? 15. ¿Qué oímos con los oídos? 16. ¿De qué color están sus mejillas? 17. ¿De qué color están las mejillas de un discípulo enfermo? 18. ¿Dónde está el cuello? 19. ¿Cuáles órganos están en el tronco? 20. ¿Cómo se llaman los brazos y las piernas? 21. ¿Cuáles son las extremidades superiores? 22. ¿Cuáles son las extremidades inferiores? 23. ¿Dónde está el codo? 24. ¿Cuántos dedos tiene la mano? 25. ¿Cómo se llama el dedo más grueso? 26. ¿Cuántos dedos tienen los pies? 27. ¿Dónde está la rodilla? 28. ¿Qué hacemos con las manos? 29. ¿Para qué sirven las piernas y los pies?

20. MÉJICO

1. ¿Qué parte de la América ocupa Méjico? 2. ¿Cómo es el clima de Méjico a lo largo de la costa? 3. ¿Cómo es el clima en la parte alta? 4. ¿Cuántas estaciones hay en Méjico? 5. ¿Durante cuáles meses caen las lluvias? 6. ¿Cómo se llaman las tierras no muy altas? 7. ¿Cómo se llaman las tierras más altas? 8. ¿Cómo es la vegetación en las tierras calientes? 9. ¿Qué árboles producen maderas preciosas?

10. ¿Qué árboles son útiles? 11. ¿Qué se cosecha en la zona caliente? 12. ¿Cuántas cosechas se obtienen en un año? 13. ¿Por qué se distingue Colima? 14. ¿Por qué se distinguen Veracruz y Tabasco? 15. ¿Por qué se distinguen Oaxaca y Chiapas? 16. ¿Qué parte de la población es blanca? 17. ¿Qué parte de la población es mestiza? 18. ¿Quién posee la mayor parte del territorio? 19. ¿Cuál es la ocupación principal? 20. ¿Cuál es el efecto del clima cálido en la gente? 21. ¿Trabaja mucho la gente perezosa? 22. ¿Qué hacen los habitantes en la región de la meseta? 23. ¿Dónde están las haciendas? 24. ¿Dónde se crían ganado vacuno y caballos? 25. ¿Qué hay en el norte? 26. ¿Qué se cría en los ranchos? 27. ¿Hay minas ricas en Méjico? 28. ¿Están desarrolladas las minas al presente? 29. ¿Cuáles son los productos de estas minas? 30. ¿Cuáles son las más antiguas manufacturas del país? 31. ¿Cuál es otra importante industria? 32. ¿Cuál es la bebida nacional de Méjico? 33. ¿Cuáles son unos productos de las fábricas? 34. ¿Cuáles son las exportaciones más importantes? 35. ¿De qué países se reciben los productos manufacturados? 36. ¿Dónde está situada la capital de Méjico? 37. Describa Vd. la ciudad de Méjico.

21. FRASES DE CORTESÍA

1. ¿Qué dice el señor Blanco? 2. ¿Qué contesta el señor Valdés? 3. ¿Cómo está la familia del señor Valdés? 4. ¿Juan está todavía enfermo? 5. ¿Qué significa: "Recuerdos en casa" en inglés? 6. ¿Qué se dice antes de despedirse de un amigo?

22. LOS RECREOS

1. ¿Quién trabaja todo el tiempo? 2. ¿Cuánto tiempo trabaja Vd.? 3. ¿Qué hace la gente después del trabajo? 4. ¿Dónde se pasean algunos? 5. ¿Dónde se pasean otros? 6. ¿Quién va en coche o automóvil? 7. ¿Monta Vd. en bicicleta o a caballo? 8. ¿Adónde va Vd. durante el verano? 9. Dígame Vd. unos balnearios populares en los Estados Unidos. 10. ¿Para qué van algunos a la playa? 11. ¿Qué juega la gente en el campo? 12. ¿Qué hacen otros? 13. ¿Rema Vd.? 14. ¿Puede Vd. nadar? 15. ¿Quiere Vd. pescar y navegar? 16. ¿Cómo es el aire en el campo? 17. ¿Qué hace el aire puro y fresco? 18. ¿Hace Vd. un viaje todos los veranos? 19. ¿Quién hace un viaje cuando quiere? 20. ¿Dónde hacen viajes los ricos? 21. ¿Ha visitado Vd. la Suiza? 22. ¿Ha viajado Vd. por España?

23. UNA VISITA

1. ¿Qué quiere hacer Vd.? 2. ¿A quién visita Vd.? 3. ¿Adónde va Vd.? 4. ¿A qué hora? 5. ¿Qué toca Vd.? 6. ¿Dónde llama Vd.? 7. ¿Quién abre la puerta? 8. ¿Qué pregunta Vd.? 9. ¿Qué contesta Ana? 10. ¿Por qué quiere Vd. ver al señor Valera? 11. Quiere Vd. hablarle mucho tiempo? 12. ¿Tengo que esperar mucho tiempo? 13. ¿Qué dice la criada cuando viene? 14. ¿Qué dice el señor Valera? 15. ¿Por qué viene Vd.? 16. ¿De qué tiene Vd. necesidad? 17. ¿Da el señor una carta

de recomendación? 18. ¿Qué dice Vd. después de haber recibido la carta? 19. ¿Está ocupado o no el señor Valera?

24. EL TEATRO

1. ¿Hay muchos teatros en esta ciudad? 2. ¿Cuáles son los teatros principales de esta ciudad? 3. ¿Cuáles son los teatros principales de Madrid? 4. Dígame Vd. las producciones de unos teatros. 5. ¿Cuáles son los teatros de cinematógrafo? 6. ¿Adonde va Vd. para oír las óperas? 7. ¿Los conciertos? 8. ¿En qué teatros se presentan dramas y comedias? 9. ¿Dónde se hallan las representaciones de zarzuela?

25. LOS ÓRGANOS DEL CUERPO HUMANO

1. ¿Contra quiénes se rebelaron los obreros romanos? 2. ¿Qué dijeron los ciudadanos pobres? 3. ¿Qué tenían que hacer? 4. ¿Eran pequeños los impuestos? 5. ¿Tenían recreos los pobres? 6. ¿Qué deben hacer los ricos? 7. ¿Eran felices los pobres? 8. ¿Adónde fueron los pobres? 9. ¿Quién salió a ellos? 10. ¿Qué les contó? 11. ¿Quiénes lucharon? 12. ¿Con qué? 13. ¿Por qué? 14. ¿Qué dijeron los órganos? 15. ¿Qué dijeron los pies? 16. ¿Qué dijeron los ojos? 17. ¿Las manos? 18. ¿La boca? 19. ¿Qué resolvieron? 20. ¿Cuál fué el efecto? 21. ¿Cómo se sentían los órganos? 22. ¿Cómo se sentía todo el cuerpo? 23. ¿Qué no podía hacer el estómago? 24. ¿Qué comprendieron los órganos? 25. ¿Qué habían sido todos? 26. ¿Servía el estómago a los órganos o no? 27. ¿Cuándo principiaron a trabajar los órganos? 28. ¿Comprende Vd. la parábola? 29. ¿Comprendían la parábola los romanos? 30. ¿Adónde fueron? 31. ¿Trabajaban ellos? 32. ¿Qué daban a los pobres los ricos? 33. ¿Cómo trataban a los pobres los ricos?

26. EL BRASIL

1. ¿Qué extensión tiene el Brasil? 2. ¿Es más grande que los Estados Unidos? 3. ¿Es la población más o menos grande? 4. ¿Qué abunda en las selvas? 5. ¿Dónde se halla la mayor parte de la población? 6. ¿Qué se encuentra en las selvas del Brasil? 7. ¿Cuántas variedades de palmas hay allá? 8. ¿Qué árboles hay en las selvas? 9. ¿Dónde se extraen los minerales? 10. ¿Dónde se encuentran el tabaco y el azúcar? 11. ¿Dónde hay los cafetos? 12. ¿Dónde se obtiene la mejor calidad de café? 13. ¿Cuánto café produce el Brasil? 14. ¿Qué se cosecha en el sur del país? 15. ¿Qué hay en el extremo meridional? 16. ¿Qué se exporta de esta parte? 17. ¿Hay muchas fábricas para la exportación? 18. ¿Cuánto comercio tiene el Brasil? 19. Describa Vd. la ciudad de Rio de Janeiro. 20. Describa Vd. la ciudad de Bahía.

27. LOS POBRES SASTRES

1. ¿Quién había hurtado? 2. ¿Qué había hurtado el herrero? 3. ¿Quién halló el caballo? 4. ¿Dónde halló el caballo el dueño? 5. ¿A quién hizo buscar? 6. ¿Puede buscar Vd. un guardia municipal en esta ciudad cuando hace falta? 7. ¿Adónde fué conducido el herrero por el guardia? 8. ¿Qué dijo el magistrado? 9. ¿Por qué se agitaba la gente de la ciudad? 10. ¿Qué nombraron los ciudadanos? 11. ¿Adónde fué la delegación? 12. ¿Qué dijo un individuo? 13. ¿Cuántos herreros había en la ciudad? 14. ¿Cuántos sastres? 15. ¿Qué era claro? 16. ¿Necesitan a todos los sastres los ciudadanos? 17. ¿Qué debía hacer el magistrado?

28. TRES PALABRAS

1. ¿Dónde llegó el jornalero? 2. ¿Cuándo? 3. Describa Vd. al jornalero. 4. ¿Era rico el jornalero? 5. ¿Podía comer y beber sin tener dinero? 6. ¿Qué quería obtener? 7. ¿Adónde se sentó? 8. ¿Estaba solo a la mesa? 9. ¿Quiénes estaban sentados a la mesa? 10. ¿Qué contaba el jornalero? 11. ¿Contaba él estúpidamente? 12. ¿Cómo escuchaban los panaderos? 13. ¿Qué propone el jornalero? 14. ¿Cuál es la apuesta? 15. ¿Qué contestaron los panaderos? 16. ¿Cuánto apostaron los hombres? 17. ¿Repitieron los panaderos la primera palabra? 18. ¿La segunda palabra? 19. ¿La tercera palabra? 20. ¿Cómo pronunció el jornalero la tercera palabra? 21. ¿Pudieron hallar su error los panaderos? 22. Cuente Vd. el segundo ensayo. 23. ¿Cuántas veces lo intentaron los panaderos? 24. ¿Cuándo pagaron ellos el duro? 25. ¿Qué preguntaron? 26. ¿Cuál fué la respuesta del jornalero? 27. ¿Quién puede contar completamente esta anécdota?

29. ANUNCIO DEL ESTRENO DE UNA ÓPERA

1. ¿Cuál es la función de esta noche? 2. ¿En qué teatro? 3. ¿A qué hora empezará la función? 4. ¿De cuántas partes se compone el programa? 5. ¿Las óperas de Wágner son importantes? 6. ¿Cuáles son las óperas importantes de Wágner? 7. ¿Qué compositores de ópera puede Vd. mencionar? 8. ¿Cuáles son las obras más importantes de estos compositores? 9. ¿Cuál es el reparto de esta ópera? 10. ¿Prefiere Vd. una ópera de Wágner a una de Verdi o Puccini? 11. ¿Se répresentan óperas también en esta ciudad? 12. ¿Va Vd. a la ópera? 13. Explique Vd. en español el significado de la palabra, "estreno."

30. UN PORTERO EXACTO

1. ¿Qué orden dió una señora a su portero? 2. ¿Qué refirió el portero por la noche? 3. ¿Qué respondió la señora? 4. ¿Qué hizo la señora al día siguiente? 5. ¿Por qué salió? 6. ¿Quién llegó poco después? 7. ¿Qué preguntó ella al portero? 8. ¿Qué contestó él? 9. Dígame Vd. qué hizo la señora. 10. ¿Se indignó o se deleitó? 11. ¿Era el portero inteligente o tonto?

31. UNA PIERNA

1. ¿Quién sirvió una grulla? 2. ¿Dónde sirvió el paje la grulla? 3. ¿Cuántas piernas tenía esta grulla? 4. ¿Por qué no tenía sino una pierna? 5. ¿Qué dijo el señor? 6. Dígame Vd. la respuesta del paje. 7. ¿Adónde llevó el señor al paje el día siguiente? 8. ¿Por qué? 9. ¿Con qué toparon los cazadores? 10. ¿Las grullas estaban sobre dos pies? 11. ¿Qué dijo el paje a su amo? 12. ¿Qué hizo el señor? 13. ¿Qué dijo? 14. ¿Qué hicieron las grullas? 15. ¿Qué respondió el paje agudo?

32. ¿QUÉ DICE DAVID?

1. ¿Qué hace un obispo? 2. ¿Dónde predica un obispo? 3. ¿Adónde envió el obispo al criado? 4. ¿Por qué? 5. ¿Compró el criado la carne con dinero? 6. ¿Compra Vd. la vianda al fiado? 7. ¿Dónde está su iglesia? 8. ¿Adónde fué el criado después de haber comprado la carne? 9. ¿De qué profetas habló el obispo en el sermón? 10. ¿Qué dijo el criado cuando el obispo preguntó: '¿Qué dice David?'

33. EL CANAL DE SUEZ

1. ¿Qué facilita el canal de Suez? 2. ¿De quién nació el proyecto de este canal? 3. ¿Cuándo se construyó el primer canal del Nilo hasta el Mar Rojo? 4. ¿Por qué fué obstruido el canal? 5. ¿Cuándo fué destruido este canal? 6. ¿Quién era Fernando de Lesseps? 7. ¿Qué obtuvo del virrey de Egipto? 8. ¿Cuándo se organizó la compañía? 9. ¿Cuánto capital tenía la compañía? 10. ¿Cuánto tiempo duraron las obras? 11. ¿Cuánto tiene el canal de largo? 12. ¿De qué consiste una cuarta parte del canal? 13. ¿Cuánto tiene el canal de ancho? 14. ¿Cuándo se inauguró el canal? 15. ¿Cuántos buques pasaron por el canal en 1871? 16. ¿Qué viajes se acortan considerablemente por esta vía? 17. ¿Por dónde se hacían estos viajes antes? 18. ¿Dónde está situado el Cabo de Buena Esperanza? 19. ¿En qué parte del continente? 20. ¿A quién pertenece?

34. DURA SUERTE

1. ¿Quién visitó al Barón de Pereza? 2. ¿De qué se lamentó el Barón? 3. ¿Qué respondió el Conde de Cero? 4. ¿Tenía negocios el Barón? 5. ¿Era pobre? 6. ¿Qué tiene que hacer el Barón todas las mañanas? 7. ¿Todas las noches? 8. ¿Qué tiene que masticar? 9. ¿Qué tiene que tragar laboriosamente? 10. ¿Bebe Vd. café y té y agua? 11. ¿Qué no bebe Vd.? 12. ¿Sale el Barón de la casa por la mañana o por la tarde? 13. ¿Preparó el cocinero la vianda dura? 14. ¿Qué dice el Barón del inhalar y del exhalar? 15. ¿Puede descontinuar esto el Barón?

35. EL MUCHACHO INTELIGENTE

1. Describa Vd. al muchacho. 2. ¿Qué dijo el caballero? 3. ¿Es verdad? 4. ¿Qué respondió el muchacho? 5. ¿Era una galantería esta respuesta?

36. EL CRIADO ERUDITO

1. ¿De qué hablaron los amigos? 2. ¿Adónde de fueron los amigos? 3. ¿Quién escuchaba? 4. ¿Qué dijo el militar? 5. ¿Qué dijo el poeta? 6. ¿Qué dijo el cura? 7. ¿Qué dijo el usurero? 8. ¿Qué dijo el pintor? 9. ¿Qué dijo el criado? 10.' ¿De qué no se acordaron los amigos?

37. CONCEPTO FALSO

1. ¿Dónde se matriculó un estudiante? 2. ¿Qué preguntó el secretario? 3. ¿Qué respondió el estudiante? 4. Cuente Vd. lo que resta de esta anécdota.

38. CHILE

1. ¿Dónde está situado Chile? 2. ¿Es grande o pequeño este país? 3. ¿Cómo es el suelo en la región del norte? 4. ¿Qué se halla allí? 5. ¿Cómo es el clima de la región central? 6. ¿Qué se cosecha allí? 7. ¿Qué se cría? 8. ¿Dónde se encuentra la mayor parte de la población? 9. ¿Qué hay en el sur? 10. ¿Qué se encuentra en estos bosques? 11. ¿Cuáles son las exportaciones principales? 12. ¿Cuántos habitantes tiene la república? 13. ¿Qué lengua se habla en Chile? 14. ¿De dónde desciende la mayor parte de la población? 15. ¿Cómo se llama la ciudad principal? 16. ¿Dónde está situada? 17. ¿Cuál es la capital? 18. ¿Cómo se llama?

39. LOS CUATRO HERMANOS

1. ¿Cuántos hijos tenía el zapatero? 2. ¿Qué deseaban los hijos? 3. ¿Qué dijeron ellos a su padre? 4. ¿Qué respondió el padre? 5. ¿Qué les dió el padre? 6. ¿Qué hicieron los hermanos? 7. ¿Qué exclamó el hermano mayor a la encrucijada? 8. ¿Adónde anduvo cada uno? 9. ¿Adónde llegaron los hermanos? 10. ¿Qué aprendieron ellos en las ciudades? 11. ¿Qué oficio aprendió cada uno? 12. ¿Dónde se reunieron ellos después de un año? 13. ¿Estaban tristes? 14. ¿Qué dijo el mayor a su padre? 15. ¿Qué respondió el padre? 16. ¿Qué dijo Julio a su padre? 17. ¿Creyó el padre lo que Julio dijo? 18. ¿Qué dió a Julio? 19. ¿Qué hizo Julio y qué dijo? 20. ¿Qué dijo el padre cuando vió sus zapatos nuevos? 21. ¿Qué preguntó al segundo hijo? 22. ¿Qué respondió Ramón? 23. ¿Qué respondió Enrique a la pregunta de su padre? 24. ¿Qué dijo el padre cuando vió una ardilla? 25. ¿Qué respondió Felipe a la pregunta de su padre? 26. ¿Qué no pudo ver el padre? 27. ¿Qué preguntó al astrólogo? 28. ¿En qué pensó Felipe, el ladrón? 29. ¿Estaba contento el padre? 30. ¿Qué dijo? 31. ¿Qué oyeron los hermanos? 32. ¿Qué ofreció el rey? 33. ¿Qué dijeron los hermanos? 34. ¿Adónde fueron? 35. ¿Qué dijeron al rey? 36. ¿Qué hizo el astrólogo por la noche? 37. ¿Vió él a la princesa? 38. ¿Dónde? 39. Cuando el ladrón vió a la princesa ¿qué dijo? 40. ¿Qué hizo el dragón? 41. ¿Qué exclamó el cazador? 42. ¿Cuál fué el efecto? 43. ¿Cómo fué remendado el barco? 44. ¿Por qué altercaban los hermanos? 45. ¿Qué dijo cada uno? 46. Cuando fueron al palacio ¿qué dijeron al rey? 47. ¿Qué respondió

el rey? 48. ¿Estaban contentos los hermanos? 49. ¿De qué manera viven ellos? 50. ¿Qué hacen cada vez cuando nace un príncipe o una princesa?

41. ARGENTINA

1. ¿Qué país de la América del Sur es el más importante? 2. ¿Dónde está situado? 3. ¿Cuál es su población? 4. ¿Cuántos habitantes puede sostener este país? 5. ¿Cuál es el gobierno de Argentina? 6. ¿Cuántos estados hay? 7. ¿De qué consiste el congreso nacional? 8. ¿Cómo se gobiernan las provincias? 9. ¿De qué se compone la población? 10. ¿De qué países son los inmigrantes? 11. ¿Cómo se llama la capital? 12. ¿Cuál es su población? 13. ¿Cuáles son los recursos agrícolas? 14. ¿Qué se encuentra en las planicies? 15. ¿Cuáles son las exportaciones principales? 16. ¿Hay muchos ferrocarriles? 17. ¿Cuál es la ciudad principal? 18. ¿De qué manera está construida? 19. ¿Qué tiene? 20. Mencione Vd. algunos edificios. 21. ¿Puede Vd. mencionar un diario importante? 22. Traduzca Vd. al inglés la palabra "Prensa."

42. EL BARBERO DE LA CORUÑA

1. ¿Quién llegó a la fonda de la Coruña? 2. Describa Vd. al hombre. 3. ¿Cómo estaba vestido? 4. ¿Qué había en su apariencia? 5. ¿Cómo era su voz? 6. ¿Qué gritó? 7. ¿Adónde corrió el posadero? 8. ¿Qué sirvió? 9. ¿Qué quería el forastero después de la comida? 10. ¿Dónde vivía el barbero? 11. ¿Qué tenía en las manos cuando entró? 12. ¿Qué hizo? 13. ¿Qué preguntó? 14. ¿Qué advirtió el extranjero al barbero? 15. ¿Por qué se espantó el barbero? 16. ¿Qué había sacado del bolsillo el forastero? 17. ¿Adónde puso el cuchillo? 18. ¿Qué dijo el barbero al ver el cuchillo? 19. ¿A quién quiso hacer venir? 20. ¿Qué decía para sí en la calle? 21. ¿En qué pensaba? 22. ¿Cuándo se presentó el ayudante? 23. ¿Cuánto quiso dar el extranjero al ayudante? 24. ¿Qué efecto produjeron las palabras del forastero en el ayudante? 25. ¿Qué dijo? 26. ¿A quién hizo venir? 27. ¿Qué dijo para sí cuando estaba en la calle? 28. ¿Cuántos años tenía el aprendiz? 29. ¿Qué muchacho era? 30. ¿De qué manera reflexionaba? 31. ¿Tenía miedo? 32. ¿Por qué no? 33. ¿Afeitó al forastero? 34. ¿Cuál fué el éxito de la operación? 35. ¿Qué dijo el forastero? 36. ¿Qué dió al aprendiz? 37. ¿Por qué se puso pálido el forastero?

43. EL PERRO DEL VENTRÍLOCUO

1. ¿De quién estaba acompañado el ventrílocuo? 2. ¿Qué mandó? 3. ¿Qué sucedió entonces? 4. ¿Quién estaba en frente del ventrílocuo? 5. ¿Qué hizo éste al oír hablar el perro? 6. ¿Adonde puso el mozo los dos biftecs? 7. ¿Qué mandó el ventrílocuo después? 8. ¿Mandó el perro lo mismo? 9. ¿Qué preguntó el ricazo al dueño del perro? 10. ¿Qué contestó el dueño? 11. ¿Qué hizo entonces el ricazo? 12. ¿Qué efecto produjo la vista del dinero sobre el ventrílocuo? 13. ¿Qué sucedió cuando salió el ricazo con el perro?

44. EL CANAL DE PANAMÁ

1. ¿Fueron los franceses los primeros que intentaron el canal de Panamá? 2. ¿Los norteamericanos? 3. ¿Qué emperador pensaba en construir este canal? 4. ¿Por qué no construyó el canal? 5. ¿Qué gobierno envió comisiones a la América Central en 1870? 6. ¿Por qué fueron enviadas? 7. ¿Era buena la idea? 8. ¿Quién trazó entonces el proyecto de un canal? 9. ¿Dónde debía estar situado este canal? 10. ¿Tenían gran éxito? 11. ¿Quién compró la concesión de este canal? 12. ¿Cuánto dinero pagaron los Estados Unidos a los franceses? 13. ¿Cuándo principiaron a trabajar los ingenieros norteamericanos? 14. ¿Cuándo fué completado el canal? 15. ¿Quién oprimió el botón eléctrico? 16. ¿Qué hizo saltar el último obstáculo? 17. ¿Cuándo pasó el primer buque por el canal? 18. ¿Cuándo fué inaugurado el canal para el tráfico general? 19. ¿Cuánto tiene el canal de largo? 20. ¿Cuánto tiene el canal de ancho? 21. ¿Qué tienen que remontar los buques para llegar a su parte más elevada? 22. ¿Cuánto tiempo emplea un buque en ir de un océano al otro? 23. ¿Cuánto costó esta obra?

46. EL COMPETIDOR

1. ¿Quién llegó a la posada? 2. ¿Qué demandó? 3. Describa Vd. al posadero. 4. ¿Cómo era la cena? 5. ¿Qué preguntó el posadero al hombre? 6. ¿Qué respondió éste? 7. ¿Qué hizo el hombre cuando el posadero presentó la cuenta? 8. ¿Qué dijo el posadero? 9. ¿Cuál fue la respuesta del hombre? 10. ¿Qué idea ocurrió al posadero? 11. ¿Qué dio al hombre? 12. ¿Qué dijo el huésped antes de salir? 13. ¿Cómo se llamaba la fonda del competidor? 14. ¿Dónde estaba la fonda?

47. EL ESTUDIANTE DE SALAMANCA

1. ¿Cuánto dinero tenía el estudiante? 2. ¿Cómo arreglaba la cuenta? 3. ¿Qué tomó en una posada? 4. ¿Cómo era la huéspeda? 5. ¿Qué le propuso ella? 6. ¿Por qué recomendó la huéspeda las truchas? 7. ¿Qué quería decir "las cuatro efes"? 8. ¿Mandó el estudiante las truchas? 9. ¿Por qué no? 10. ¿Qué contestó? 11. ¿Qué efecto produjo la respuesta del estudiante en la huéspeda?

49. CUBA

1. ¿Cómo se llama la isla de Cuba? 2. ¿Cuál es la extensión de la isla? 3. ¿Cómo es el suelo? 4. ¿Qué abundan en los bosques? 5. ¿Qué se encuentra en el suelo? 6. ¿En qué consiste la riqueza principal? 7. ¿Dónde crece la caña de azúcar? 8. ¿Con qué se prepara el azúcar? 9. ¿Dónde se cultiva el tabaco? 10. ¿Dónde se hacen los tabacos más famosos? 11. ¿Cuáles son las exportaciones principales de Cuba? 12. ¿Por qué había guerra y revoluciones en Cuba? 13. ¿Cuándo empezó la revolución? 14. ¿Cuántos años duró? 15. ¿Cuándo se libertó Cuba? 16. ¿Cómo se llama la capital? 17. ¿Dónde está situada? 18. ¿Qué edificios hay en la Habana?

50. EL TONTO

1. ¿Qué tenía el lugareño? 2. ¿Por qué le llamaban "El Tonto" sus vecinos? 3. ¿Cómo era su mujer? 4. ¿Por qué quiso vender la vaca? 5. ¿Dónde estaba la vaca? 6. ¿Qué más estaba en el establo? 7. ¿Qué dijo la mujer a su marido cuando éste fue al establo? 8. ¿Qué respondió él? 9. ¿Qué sucedió en el establo? 10. ¿Quién vino detrás del lugareño? 11. ¿Adonde iban? 12. ¿Qué resolvieron hacer? 13. ¿Cuál era el plan de los tres? 14. ¿Cuánto ofreció el primero por la vaca? 15. ¿Cuánto ofreció el tercero? 16. ¿Por qué vendió el tonto la vaca? 17. ¿Qué hizo con el dinero? 18. ¿Qué dijo la mujer? 19. ¿Qué hicieron los tres bribones con la vaca? 20. ¿Adonde fueron después de haberla vendido? 21. ¿Qué plan propuso la mujer al posadero? 22. ¿Cómo pagó el tonto la cuenta? 23. ¿Qué hicieron los tres bribones al verlo? 24. ¿Qué dijo el primero al lugareño? 25. ¿Qué contestó éste? 26. ¿No vendió el sombrero? 27. ¿Cómo probaron los bribones el poder del sombrero? 28. ¿Cuál fue el éxito? 29. ¿Qué comprendieron al fin? 30. ¿Qué hizo el lugareño al volver a casa? 31. ¿Qué dijo a su mujer? 32. ¿Qué respondió la mujer? 33. ¿Qué sabía?

51. EL PERAL

1. ¿Dónde estaba el peral? 2. ¿Quién vivía en la casa que había cerca de él? 3. Describa Vd. a Dolores. 4. ¿Por qué se hizo soldado el héroe de la historia? 5. ¿Qué dijo Dolores al saber lo que había hecho? 6. Describa Vd. la campaña y el éxito. 7. ¿Qué notó Jaime al entrar en el pueblo? 8. ¿Por qué repicaron las campanas? 9. ¿De qué manera presenció Jaime esta boda? 10. ¿Qué hizo después de haber salido de la iglesia? 11. ¿Qué favor pidió al general? 12. ¿Por qué?

52. EL ESTUDIANTE JUICIOSO

1. ¿De dónde vinieron los dos estudiantes? 2. ¿Por qué se sentaron a la fuente? 3. ¿Qué notaron? 4. ¿Qué inscripción había en la piedra? 5. ¿Qué dijo el menor de los dos? 6. ¿Qué dijo el otro? 7. ¿Qué hizo entonces? 8. ¿Qué había debajo de la piedra? 9. ¿Qué había escrito en el papel?

54. EL ESPEJO DE MATSUYAMA

1. ¿Quién vivía en Matsuyama? 2. ¿Por qué iba el marido solo a la capital? 3. ¿Qué trajo consigo a la vuelta? 4. ¿Qué había en la caja? 5. ¿Qué vio la mujer en el espejo? 6. ¿Usaba mucho el espejo? 7. ¿Por qué no? 8. ¿Qué dijo la madre a la niña antes de morir? 9. ¿Qué hacía la niña cada día? 10. ¿Qué creía? 11. ¿Qué observó el padre? 12. ¿Qué contestó la niña a su padre?

55. LOS ZAPATOS DE TAMBURÍ
1. ¿Quién era Tamburí? 2. ¿Qué hombre era? 3. ¿Por qué era conocido? 4. ¿A quién encontró en el gran bazar? 5. ¿Qué compró? 6. ¿Qué hizo después de

haber concluido la compra? 7. ¿Qué le aconsejó un amigo? 8. ¿Qué contestó? 9. ¿Qué encontró cuando se vistió? 10. ¿Cuál fue el efecto del error de Tamburí? 11. ¿Qué hizo con los zapatos viejos? 12. ¿Cómo hallaron los pescadores los zapatos? 13. ¿Qué hicieron con ellos? 14. ¿Qué pensaron los vecinos cuando Tamburí enterró los zapatos? 15. ¿Por qué hizo venir el Cadí a Tamburí? 16. ¿Dónde hallaron los fontaneros los zapatos? 17. ¿Cuál fue el efecto de esto? 18. ¿Por qué puso los zapatos en la azotea? 19. ¿Qué pasó entonces con ellos? 20. ¿Qué hizo el halcón? 21. ¿Qué sucedió? 22. ¿Por qué, Tamburí pidió audiencia al Sultán? 23. ¿Qué resultó de esta audiencia? 24. ¿Cuál fue el fin de los zapatos?

56. LA PORTERÍA DEL CIELO

1. ¿Quién era el tío Paciencia, y dónde vivia? 2. ¿Qué oyó cuando era aprendiz? 3. ¿Qué preguntó a su maestro? 4. ¿Qué contestó él? 5. ¿Qué impresión hicieron estas palabras? 6. ¿A qué debía el tío Paciencia su apodo? 7. Describa Vd. al marqués. 8. ¿Por qué se consideraron superiores los amigos del tío Paciencia? 9. ¿Por qué quiso impedir el tío Paciencia que su amigo fuese a la corrida de toros? 10, ¿Cuál fue el éxito de esta corrida en cuanto al tío Mamerto? 11. ¿Cuál fue la causa de la muerte del tío Macario? 12. ¿Qué efecto produjo la noticia de la muerte de sus amigos en el tío Paciencia? 13. ¿Qué le contó al marqués el ayuda de cámara? 14. ¿Por qué se asustó tanto el marqués?

15. ¿Con qué esperanzas caminaba el tío Paciencia hacia el cielo? 16. ¿Por qué se inquietaba a causa del tío Mamerto? 17. ¿Cómo fue interrumpido en sus reflexiones? 18. Describa Vd. lo que había sucedido al tío Mamerto en la portería. 19. ¿Por qué se había rehusado la entrada al tío Macario? 20. ¿No había hecho bastante penitencia en la tierra? 21. ¿Qué dijo el portero cuando el tío Paciencia se presentó a la portería? 22. ¿Quién llegó poco rato después? 23. Describa Vd. su modo de presentarse, y la respuesta del portero. 24. ¿Cuál fué el recibimiento que se le había preparado? 25. ¿Dónde estaba el tío Paciencia durante este tiempo? 26. ¿Por qué se quedó sorprendido después de haber entrado en el cielo? 27. Cuente Vd. la explicación que le dió el portero.

ABBREVIATIONS IN VOCABULARY

acc. = accusative.
adj. = adjective.
adv. = adverb.
conj. = conjunction.
dat. = dative.
dem. = demonstrative.
f. = feminine.
fut. = future.
imper. = imperative.
indef. = indefinite.
indic. = indicative.
interj. = interjection.
m. = masculine.
n. = neuter.
part. = participle.
past abs. = past absolute.[1]
past descr. = past descriptive.[1]
pl. = plural.
p.p. = past participle.
prep. = preposition.
pres. = present.
pron. = pronoun.
refl. = reflexive.
rel. = relative.
subj. = subjunctive.
superl. = superlative.

[Footnote 1: The names of the tenses of the Spanish verb used in this Vocabulary are in accordance with the recommendations of the Joint Committee on Grammatical Nomenclature. *Past Absolute* and *Past Descriptive* are equivalent to the *Preterit* and the *Imperfect*.]

=VOCABULARY=

Principal parts of irregular verbs are given in parenthesis in the following order: *Present, Future, Past Absolute, Past Participle.* All radical-changing verbs have the vowel change indicated in parenthesis. Any other forms are specially marked. Adjectives, adverbs, prepositions are indicated only in cases of possible confusion of identical forms.

=A=

=a,= to, at, on, in, from, for; *not translated before direct personal object.*
=abajo,= down.
=abandonar,= to abandon, desert, leave, relinquish;—se, to be abandoned.
=abanico=, *m.*, fan.
=abeja,= *f.*, bee.
=abierta,= *f.*, act of opening.
=abierto,—a,= open; *p.p. of* =abrir.=
=abono,= *m.*, subscription.
=Abou,= *m.*, Abu *(proper name)*.
=abrazar,= to embrace;=—se,= to embrace each other.
=abril,= *m.*, April.
=abrir=, *(p.p.* =abierto=*)*, to open.
=absurdo,-a,= absurd.
=abuela,= *f.*, grandmother.
=abuelo,= *m.*, grandfather; *pl.*, grandparents.
=abundancia,= *f.*, abundance, plenty.
=abundante,= abundant.
=abundar,= to abound;=—en dinero,= to have plenty of money.
=acabar,= to complete, finish; give out, become exhausted; =acaba de ver,= he has just seen; =acaba por vender,= he sells at last; =al—de reír,= as they finished laughing.
=acaso,= perhaps.
=accidente,= *m.*, accident, chance.
=acción,= *f.*, action; share.
=acerca de,= in regard to, about.
=acercarse=, to approach, draw near.
=acero=, *m.*, steel; sword.
=acierto=, *m.*, success; skill.
=acompañar=, to accompany.
=aconsejar=, to advise.
=acontecer=, to happen, take place.
=acontecido: lo —=, what has happened.
=acontecimiento=, *m.*, event.
=acordarse, (ue)=, to remember, recall.
=acortar=, to shorten.
=acostarse, (ue)=, to lie down, go to bed.
=acostumbrarse=, to be accustomed, become accustomed.
=acto=, *m.*, act.
=actriz=, *f.*, actress.
=acuático, -a=, aquatic; =línea acuática=, water route.

=acudir=, to come, hasten.

=acueducto=, *m.*, aqueduct.

=acueste=, *pres. subj. of* =acostar=.

=Adán=, *m.*, Adam.

=adelantarse=, to go ahead, go in advance.

=adelante=, forward; =en —=, henceforth.

=además=, moreover, besides.

=adentro=, within; =para sus —s=, to himself.

=¡adiós!= good-by!

=adivinanza=, *f.*, riddle.

=adivinar=, to guess; suspect.

=admirarse=, to be surprised.

=adonde=, where, whither.

=adorable=, adorable, adored.

=adormecer=, to go to sleep.

=adornar=, to adorn.

=adorno=, *m.*, ornament.

=adulto, -a=, *m. and f.*, adult, grown-up.

=adversidad=, *f.*, adversity, misfortune.

=advertencia=, *f.*, remark.

=advertir, (ie)=, to notice, remark; call attention to; warn, caution.

=advierto=, *pres. of* =advertir=.

=advirtió=, *past abs. of* =advertir=.

=afablemente=, affably.

=afecto=, *m.*, affection.

=afeitar=, to shave.

=afición=, *f.*, fondness.

=aficionado, -a=, fond.

=afilado, -a=, sharp.

=afilar=, to sharpen.

=afligir=, to grieve.

=afortunadamente=, happily, fortunately.

=afortunado, -a=, fortunate.

=África=, *f.*, Africa.

=agitar=, to shake; =—se=, to become excited.

=agosto=, *m.*, August.

=agotar=, to exhaust.

=agradable=, agreeable, pleasant.

=agradar=, to please.

=agrado=, *m.*, charm.

=agrícola=, agricultural.

=agricultura=, *f.*, agriculture.

=agua=, *f.*, water; =estación de las —s=, rainy season.

=aguardar=, to wait.

=agudeza=, *f.*, wit; brightness.
=agudo, -a=, sharp, pointed; witty.
=águila=, *f.*, eagle.
=aguja=, *f.*, needle.
=¡ah!= *interj.*, oh! alas!
=ahí=, there.
=ahogado, -a=, stifled, choked.
=ahora=, now; =— mismo=, even now; =por —=, for the present, now.
=ahorcar=, to hang.
=aire=, *m.*, air.
=ajeno, -a=, strange, foreign; another's.
=ajustar=, to adjust, arrange, settle, regulate.
=al = a el.=
=ala=, *f.*, wing.
=alabar=, to praise.
=alameda=, *f.*, promenade.
=alarmado, -a=, alarmed.
=alboroque=, *m.*, treat.
=alborotar=, to make a noise; =—se=, to become excited.
=alcalde=, *m.*, judge.
=Alcántara=, a city in western Spain; =orden de —=, a religious and military order, founded in 1156.
=alcanzar=, to attain; catch up with.
=Alcarria=, a mountainous district in Eastern Spain.
=alcázar=, *m.*, castle.
=aldabazo=, *m.*, loud knock.
=aldea=, *f.*, village.
=aldeano=, *m.*, countryman.
=alegrarse=, to rejoice, be glad.
=alegre=, glad, joyful.
=alegremente=, merrily.
=alegría=, *f.*, gladness, joy.
=Alejandro=, *m.*, Alexander.
=alejarse=, to go away.
=Alemania=, *f.*, Germany.
=Alfonso=, *m.*, Alfonso XIII, King of Spain.
=alforja=, *f.*, saddlebag.
=álgebra=, *f.*, algebra.
=algo=, *pron. and adv.*, something, somewhat.
=algodón=, *m.*, cotton.
=alguien=, somebody, some one.
=algún=, *see* =alguno=.
=alguno, -a=, some one, some.
=alhaja=, *f.*, jewel.

=aliento=, *m.*, courage.

=alimento=, *m.*, food.

=alma=, *f.*, soul; =de mi —=, dearly beloved.

=Almanzor=, *m.*, Almansor.

=alrededor (de)=, about, around; =a mi —=, around me.

=altercar=, to quarrel.

=alteza=, *f.*, elevation; =Alteza=, Highness.

=alto, -a=, *adj.*, high, loud.

=alto=, *adv.*, loud; =pasar por —=, to pass over in silence.

=altura=, *f.*, height.

=alumno=, *m.*, pupil, student.

=allá=, there; =más —=, beyond, further.

=allí=, there; =por —=, there.

=amado, -a=, beloved.

=amar=, to love; =—se=, to love each other.

=amarillo, -a=, yellow.

=ambos, -as=, both.

=América=, *f.*, America; =la — del Sur=, South America.

=americano, -a=, American.

=amigo=, *m.*, friend.

=amiguito=, *m.*, friend.

=amo=, *m.*, master, owner.

=amor=, *m.*, love, affection.

=amoroso, -a=, loving.

=ampliar=, to increase.

=Ana=, *f.*, Anna.

=anciano, -a=, old.

=ancho, -a=, broad, wide; =¿cuánto tiene el canal de—?= how wide is the canal?

=anchura=, *f.*, width.

=¡anda!= *interj.*, come now! get along!

=andar=, (*past abs.*, =anduve=), to go, walk.

=Andes: los —=, the Andes mountains.

=anduvo=, *past abs. of* =andar=.

=anécdota=, *f.*, anecdote.

=ángel=, *m.*, angel.

=angosto, -a=, narrow.

=anhelar=, to desire, long for.

=ánima=, *f.*, soul; spirit.

=animado, -a=, animated, lively.

=animal=, *m.*, animal; fool, jackass.

=ánimo=, *m.*, courage, spirits.

=anoche=, *last night.*

=anochecer=, to become dark; =al —=, at dusk.

=ansiosamente=, anxiously.

=ante=, *prep.*, before.

=anterior=, front; former.

=antes=, *adv.*, before; sooner, rather, =—de,—que,= *prep.*, before.

=antiguo, -a=, old, ancient.

=Antillas: las —=, two groups of islands in the West Indies.

=Antonio=, *m.*, Anthony.

=anunciar=, to announce.

=anuncio=, *m.*, announcement.

=añadir=, to add.

=añil=, *m.*, indigo.

=año=, *m.*, year; =tiene ocho —s=, he is eight years old.

=aparecer=, (*pres.* aparezco), to appear.

=apariencia=, *f.*, appearance.

=apartado,-a=, secluded, out of the way.

=apartarse=, to go away, depart.

=apellido=, *m.*, surname.

=apenas=, scarcely, hardly.

=apetito=, *m.*, appetite.

=aplicar=, to apply.

=apodo=, *m.*, nickname; =poner un ——=, to give a nickname.

=apostar, (ue)=, to bet, wager.

=aprecio=, *m.*, valuation.

=aprender=, to learn; =—— a=, to learn to.

=aprendiz=, *m.*, apprentice.

=aprensivo,-a=, apprehensive, timid.

=aprestar=, to make ready, prepare.

=apresurar(se)=, to hasten, hurry.

=aprisionado,-a=, imprisoned, confined, encased.

=apuesta=, *pres. of* =apostar=.

=apuesta=, *f.*, bet, wager.

=apuro=, *m.*, difficulty, embarrassment.

=aquel, aquella, aquello=, *dem. adj.*, that.

=aquél, aquélla=, *dem. pron.*, that one, the former.

=aquí=, here; =por ——=, here.

=ara=, *f.*, altar.

=árbol=, *m.*, tree.

=arcángel=, *m.*, archangel.

=ardilla=, *f.*, squirrel.

=arduo,-a=, arduous, rough.

=arena=, *f.*, sand; arena.

=Argentina=, *f.*, Argentina.

=aristocrático,-a=, aristocratic.

=aritmética=, *f.*, arithmetic.

=arpa=, *f.*, harp.

=arreglar=, to settle, arrange.

=arrepentido,-a=, sorry.

=arrestar=, to arrest.

=arriba (de)=, above, up; upstairs; =más ——=, further up; =¡——!= up!

=arrodillarse=, to kneel down.

=arrojar=, to throw, hurl.

=arroz=, *m.*, rice.

=arte=, *m. and f.*, art.

=artículo=, *m.*, article.

=artístico,-a=, artistic.

=ascender, (ie)=, to amount to.

=ascensor=, *m.*, elevator.

=asegurar=, to assure.

=aserradero=, *m.*, lumber mill.

=asesinar=, to assassinate, murder.

=asfalto=, *m.*, asphalt.

=así=, thus, so; =—— que=, so that.

=Asia=, *f.*, Asia.

=asir=, (*pres.* =asgo=), to seize, grasp.

=asistente=, *m.*, assistant.

=asistir a=, to be present, attend.

=asno=, *m.*, ass, donkey.

=asomar=, to show.

=asombro=, *m.*, surprise, astonishment.

=aspecto=, *m.*, aspect, appearance.

=aspirar=, to smell.

=astilla=, *f.*, splinter, chip.

=astrología=, *f.*, astrology.

=astrólogo=, *m.*, astrologer.

=asunto=, *m.*, affair, matter.

=asustarse=, to become frightened.

=atado, -a=, tied.

=atención=, *f.*, attention; =prestar ——=, to pay attention.

=atentamente=, attentively.

=atento, -a=, attentive.

=aterrador, -ra=, terrifying.

=Atlántico, -a=, Atlantic.

=atolondrado, -a=, flighty, scatter-brained.

=atónito, -a=, surprised, astonished.

=atraer=, (*like* =traer=), to draw down.

=atrás=, back, backward.

=atravesar=, to traverse, cross.

=atreverse=, to dare.
=atronador, -ra=, thundering.
=aturdido, -a=, dumbfounded.
=audaz=, bold, daring.
=audiencia=, _f._, audience.
=aumentar=, to augment, increase.
=aumento=, _m._, increase; =va en ———=, is increasing.
=aun, aún=, still, even, yet.
=aunque=, although.
=ausencia=, _f._, absence.
=automóvil=, _m._, automobile.
=autor=, _m._, author.
=autoridad=, _f._, authority.
=avaricia=, _f._, avarice.
=avaro, -a=, avaricious.
=avaro=, _m._, miser.
=ave=, _f._, bird.
=avena=, _f._, oats.
=avenida=, _f._, avenue.
=aventura=, _f._, adventure.
=averiguar=, to fathom, solve.
=avivar=, to enliven, quicken; =aviva el ojo=, keep your eyes
open, look sharp.
=ayuda=, _f._, help, assistance; =——— de cámara=, valet.
=ayudante=, _m._, assistant.
=ayudar=, to help, assist.
=azotea=, _f._, balcony.
=azúcar=, _m._, sugar; =caña de ———=, sugar cane.
=azufre=, _m._, sulphur.
=azul=, blue.

=B=

=Bahía=, _f._, Bahia, a city in Brazil.
=bahía=, _f._, bay.
=bailarina=, _f._, dancer.
=bajar=, to go down.
=bajo=, _adv._, low.
=bajo, -a=, low.
=bajo=, _prep._, under.
=balde: en ———=, in vain; =de ———=, for nothing, gratis.
=balneario=, _m._, watering place.
=banco=, _m._, bank; bench.
=bandera=, _f._, banner.
=bañar=, to bathe; =——se=, to take a bath.

=baño=, *m.*, bath.
=baraja=, *f.*, pack of cards.
=barato, -a=, cheap.
=barba=, *f.*, chin; beard.
=bárbaro, -a=, outlandish, exaggerated.
=bárbaro=, *m.*, barbarian; ill-mannered fellow.
=barbero=, *m.*, barber.
=barbón=, bearded *or* whiskered fellow.
=barco=, *m.*, boat.
=barón=, *m.*, baron.
=barrio=, *m.*, neighborhood.
=barro=, *m.*, clay.
=bastante=, enough, sufficient; quite.
=bastar=, to suffice, be enough.
=bata=, *f.*, bath robe.
=batalla=, *f.*, battle.
=Bautista=, *m.*, Baptist.
=bayoneta=, *f.*, bayonet.
=bazar=, *m.*, bazaar, store.
=beber=, to drink.
=bebida=, *f.*, beverage.
=bellísimo, -a=, *superl. of* =bello=.
=bello, -a=, beautiful.
=bendito, -a=, blessed.
=benigno, -a=, kind.
=bestia=, *f.*, wild animal, beast,
=biblioteca=, *f.*, library.
=bicicleta=, *f.*, bicycle.
=bien=, well; =no ———=, scarcely, no sooner.
=biftec=, *m.*, beefsteak.
=billete=, *m.*, banknote, bill; =——— de banco=, banknote.
=biología=, *f.*, biology.
=bisiesto: año ———=, leap year.
=blanco, -a=, white.
=blando, -a=, soft, tender.
=bobo=, *m.*, fool.
=boca=, *f.*, mouth.
=boda=, *f.*, wedding, marriage.
=bolero=, *m.*, a characteristic Spanish dance.
=Bolivia=, *f.*, Bolivia.
=bolsa=, *f.*, pocket, purse.
=bolsilla=, *f.*, pocket; pocket-book.
=bolsillo=, *m.*, pocket.
=bondad=, *f.*, goodness, kindness.
=bonito, -a=, pretty.

=bórax=, *m.*, borax.
=borrado, -a=, erased, obliterated.
=bosque=, *m.*, forest.
=botar=, to rebound.
=botella=, *f.*, bottle.
=botón=, *m.*, button.
=Brasil (el)=, Brazil.
=¡bravo!= bravo!
=brazo=, *m.*, arm.
=bribón=, *m.*, rascal, scoundrel.
=bridón=, *m.*, steed.
=brillante=, bright, brilliant.
=brindis=, *m.*, toast.
=broma=, *f.*, joke; =no es para ——s=, it is no joke.
=bronce=, *m.*, bronze.
=bruto=, *m.*, brute; =—— de mí=, fool that I am.
=buen=, *see* =bueno=.
=bueno, -a=, good; =estar ——=, to be well.
=Buenos Aires=, capital of the Argentine Republic.
=bulla=, *f.*, noise.
=buque=, *m.*, vessel, ship; =—— de guerra=, warship.
=burla=, *f.*, jest, mockery.
=burlar=, to mock, jest, ridicule.
=burro=, *m.*, ass, donkey.
=busca=, *f.*, search.
=buscar=, to seek, look for, find.
=busque=, *pres. subj. of* =buscar=.
=butaca=, *f.*, orchestra chair.

=C=

=cabalgata=, *f.*, ride.
=caballero=, *m.*, gentleman; knight.
=caballo=, *m.*, horse.
=cabaña=, *f.*, hut.
=cabello=, *m.*, hair.
=cabeza=, *f.*, head; =dolor de ——=, headache.
=cabo=, m., end; cape; =al ——=, finally, at last;
=al —— de=, at the end of; =llevar a ——=, to carry out.
=cabra=, *f.*, goat.
=cacao=, *m.*, cocoa.
=cacarear=, to cackle.
=cada=, each, every.
=cadáver=, *m.*, dead body.
=cadí=, *m.*, cadi, judge.

=caer=, (*pres.* =caigo=), to fall; =—— en algo=,
to notice something; =—— en gracia=, to meet with favor.
=café=, *m.*, coffee.
=cafeto=, *m.*, coffee tree.
=caído=, *p.p. of* =caer=.
=Cairo (el)=, capital of Egypt.
=caja=, *f.*, box.
=cajita=, *f.*, little box.
=calado=, *m.*, fretwork; open embroidery.
=calado=, *p.p. of* =calar=, to put on.
=Calatrava=, a ruined town of Spain;　=orden de ——=, a
religious and military order founded in the 12th century.
=calaverada=, *f.*, silly action; trick.
=Calderón de la Barca, Pedro=, a famous Spanish dramatic poet.
=calidad=, *f.*, quality.
=cálido, -a,= warm.
=caliente=, warm; =andar ——=, to be comfortable.
=califa=, *m.*, caliph.
=calificar=, to regard; =——se de=, to be regarded as.
=calma=, *f.*, calmness.
=calor=, *m.*, heat; =hace ——=, it is warm.
=calzado=, *m.*, shoes.
=¡calla!= hold on! well, well! hush!
=callar=, to be silent; suppress, pass over in silence; =—— el
pico=, to hold one's tongue.
=calle=, *f.*, street.
=cama=, *f.*, bed; =meterse en ——=, to take to one's bed.
=cámara,= *f.*, room, chamber; =ayuda de ——=, valet.
=camarada=, *m.*, comrade.
=cambiar=, to change, exchange.
=camello=, *m.*, camel.
=caminar=, to travel.
=camino=, *m.*, way, road, journey; =—— de hierro=,
railroad.
=campana=, *f.*, bell.
=campanario=, *m.*, bell tower.
=campanilla=, *f.*, bell.
=campaña=, *f.*, campaign.
=campesino=, *m.*, countryman, farmer.
=campo=, *m.*, field, country; =al ——=, in the country.
=canal=, *m.*, canal.
=¡canario!= zounds! confound it!
=¡canastos!= zounds! hang it!
=canción,= *f.*, song.
=candoroso, -a,= frank, open.

=cansado, -a,= tired.

=cantar=, to sing; bleat; =es otro ——=, that is a horse of another color.

=cántaro,= *m.*, pitcher; =llover a ——s=, to rain pitchforks.

=cantidad=, *f.*, quantity.

=caña=, *f.*, cane.

=cañón=, *m.*, cannon; organ pipe.

=caoba=, *f.*, mahogany.

=capital=, *f.*, capital *(city)*.

=capital=, *m.*, capital *(funds)*.

=capitán,= *m.*, captain.

=capitolio=, *m.*, capitol.

=cara=, *f.*, face.

=¡caracoles!= zounds! great Scot!

=característico, -a=, characteristic.

=¡caramba!= hang it!

=caramelo=, *m.*, caramel; brown sugar.

=carbón,= *m.*, coal.

=carcajada=, *f.*, loud laughter; =soltar la ——=, to burst into laughter.

=cárcel=, *f.*, prison.

=carga=, *f.*, charge.

=cargar=, to load; annoy, bother.

=cargo=, *m.*, charge; =hacerse —— de=, to undertake.

=caridad=, *f.*, charity.

=cariño=, *m.*, affection, love.

=cariñoso,-a=, tender, affectionate.

=caritativo,-a=, charitable.

=Carlos=, *m.*, Charles; =—— V=, Charles V, King of Spain, 1500-58.

=carne=, *f.*, meat; flesh.

=carnero=, *m.*, sheep.

=carnicero=, *m.*, butcher.

=carta=, *f.*, letter.

=casa=, *f.*, house; =en ——=, at home; =—— de baños=, bathing establishment.

=casar=, to marry; =—se (con)=, to marry, get married (to).

=casi=, almost.

=casino=, *m.*, casino.

=caso=, *m.*, case, event; =hacer —— de=, to take notice of.

=¡cáspita!= hang it! confound it!

=casta=, *f.*, kind, race, species.

=castaño,-a=, brown.

=casualidad=, *f.*, accident, chance; =por —— =, accidentally, by chance.

=catedral=, *f.*, cathedral.
=categoría=, *f.*, category.
=católico,-a=, catholic.
=catorce=, fourteen.
=causa=, *f.*, cause, reason; =a —— de=, on account of.
=causar=, to cause; give.
=cavar=, to dig.
=cavilación=, *f.*, deep meditation.
=cavilar=, to meditate, think.
=cayó=, *past abs. of* =caer=.
=caza=, *f.*, hunt.
=cazador=, *m.*, hunter.
=cedro=, *m.*, cedar.
=celebrar=, to celebrate.
=célebre=, famous, illustrious.
=celeste=, heavenly.
=cena=, *f.*, supper.
=cenar=, to sup, have for supper.
=censor=, *m.*, critic.
=censurar=, to censure, find fault.
=centavo=, *m.*, cent.
=centellante=, sparkling, flashing.
=centésimo,-a=, one-hundredth.
=céntimo=, *m.*, a quarter of a cent.
=central=, central.
=centro=, *m.*, center.
=ceñir, (i)=, to wind around; crown.
=cepillo=, *m.*, eraser.
=cequí=, *m.*, sequin, a gold coin formerly used in Italy,
Turkey, and Spain.
=cera=, *f.*, wax.
=cerca=, near, about; =—— de,= near to.
=cercano,-a=, near, neighboring.
=cerdo=, *m.*, pig.
=cereales=, *m. pl.*, cereals.
=ceremonia= *f.*, ceremony.
=cero=, *m.*, zero.
=cerrado,-a=, closed.
=cerrar, (ie)=, to close.
=Cervantes Saavedra, Miguel de=, a great Spanish writer.
=cesar=, to cease, stop.
=ciego,-a=, blind.
=cielo=, *m.*, heaven; sky.
=cien=, one hundred.
=ciencia=, *f.*, science.

=ciento=, one hundred.
=cierra=, *pres. of* =cerrar=.
=ciertamente=, certainly, surely.
=cierto,-a=, certain, sure; =por ———=, for certain;
certainly, surely.
=cierto=, *indef. pron.*, a certain; some.
=cigarro=, *m.*, cigar.
=cinco=, five.
=cincuenta=, fifty.
=cinema=, *see* =cinematógrafo=.
=cinematógrafo=, *m.*, cinematograph.
=ciña=, *pres. subj. of* =ceñir=.
=ciprés=, *m.*, cypress.
=circunstancia=, *f.*, circumstance; quality.
=ciruela=, *f.*, plum.
=citar=, to cite, quote.
=ciudad=, *f.*, city.
=ciudadano=, *m.*, citizen.
=civil=, civil.
=clamar=, to exclaim; shout, roar.
=claramente=, clearly, evidently.
=claro,-a=, clear, evident; light.
=clase=, *f.*, class.
=clavo=, *m.*, nail.
=cliente=, *m.*, customer.
=clima=, *m.*, climate.
=cobarde=, *m.*, coward.
=cobijar=, to cover; protect.
=cobre=, *m.*, copper.
=cobrizo,-a=, copper-colored.
=cocina=, *f.*, kitchen.
=cocinero=, *m.*, cook.
=coco=, *m.*, coconut.
=coche=, *m.*, coach, carriage.
=cochero=, *m.*, coachman.
=codicia=, *f.*, avarice.
=codo=, *m.*, elbow.
=cofradía=, *f.*, brotherhood.
=coger=, to take, seize.
=cola=, *f.*, tail.
=colarse, (ue)=, to slip.
=cólera=, *f.*, anger.
=cólera=, *m.*, cholera.
=coléricamente=, angrily.
=colérico,-a=, angry.

=colgante=, hanging, suspended.
=colmena=, *f.*, beehive.
=colocar=, to place, put.
=Colombia=, *f.*, Colombia.
=colono=, *m.*, colonist.
=color=, *m.*, color.
=colosal=, colossal, enormous.
=comedia=, *f.*, comedy.
=comenzar=, to commence, begin.
=comer=, to eat.
=comercial=, commercial.
=comerciante=, *m.*, merchant.
=comercio=, *m.*, commerce.
=cometer=, to commit.
=cómico,-a=, comic.
=comida=, *f.*, meal; dinner.
=comisión=, *f.*, commission.
=como=, *adv.*, as, how, like, as if.
=¿cómo?= how?
=compañero=, *m.*, companion.
=compañía=, *f.*, company; =—— por acciones=, stock company.
=competidor=, *m.*, rival.
=complacer=, (*pres.* =complazco=), to please.
=completamente=, completely.
=completar=, to complete.
=completo,-a=, complete; =por ——=, completely.
=componer=, (*see* =poner=), to compose, prepare, arrange; =——se=, to consist.
=composición=, *f.*, composition; preparation; dish.
=compositor=, *m.*, composer.
=compota=, *f.*, stew.
=compra=, *f.*, purchase.
=comprador=, *m.*, buyer.
=comprar=, to buy.
=comprender=, to understand.
=compuesto,-a=, arranged; *p.p. of* =componer=.
=compuso=, *past abs. of* =componer=.
=común=, ordinary, common; standard.
=comunicación=, *f.*, communication; =poner en ——=, to connect.
=con=, with, by.
=conceder=, to concede, grant.
=concepto=, *m.*, concept, idea.
=concesión=, *f.*, concession.
=concierto=, *m.*, concert.

=concluir=, (*pres.* concluyo), to conclude, finish.
=concurrir (en)=, to agree.
=conde=, *m.*, count.
=condena=, *f.*, sentence.
=condenar=, to condemn, sentence.
=condesa=, *f.*, countess.
=condición=, *f.*, condition, state; kind.
=condimento=, *m.*, condiment, spice.
=cóndor=, *m.*, condor.
=conducir=, (*pres.* =conduzco=, *past abs.*
=conduje=), to conduct, lead.
=conducta,= *f.*, behavior.
=conducto,= *m.*, pipe.
=confiar,= (*pres.* confío), to confide, trust; vest in.
=congreso,= *m.*, congress.
=conmemorativo,=-a, commemorative.
=conmovido,=-a, moved, touched.
=conocer,= (*pres.* conozco), to know, recognize.
=conocido,= *m.*, acquaintance.
=conseguir,= (i), to succeed.
=conserva,= *f.*, preserve; en ——, preserved.
=conservar,= to preserve, keep.
=considerable,= considerable.
=considerablemente,= considerably.
=considerar,= to consider, regard, think.
=consigo,= with him (self).
=consiguiente:= por ——, consequently.
=consistir,= to consist, be composed of.
=consolar,= (ue), to console.
=constantemente,= constantly.
=constitución,= *f.*, constitution.
=construcción,= *f.*, construction, building.
=construir,= (*pres.* construyo), to construct, build.
=construyó,= *past abs. of* construir.
=consuela,= *pres. of* =consolar.=
=Consuelo,= *f.*, Consuelo (*proper name*).
=contar,= (ue), to count; tell, relate.
=contentar,= to satisfy.
=contento,-a,= content, satisfied, happy.
=contento,= *m.*, pleasure, satisfaction.
=contestación,= *f.*, answer.
=contestar,= to answer, reply.
=continente,= *m.*, continent.
=continuar,= (*pres.* continúo), to continue.
=continuo,-a,= continuous.

=contorno,= *m.*, district.

=contra,= against.

=convencer,= to convince.

=convencido,= *p.p. of* convencer.

=conveniencia,= *f.*, convenience.

=convenir, (ie),= to suit; (*see* =venir=).

=conversación,= *f.*, conversation.

=conversar,= to converse.

=convertirse,= (ie), to change.

=conviene,= *pres. of* convenir.

=copia,= *f.*, copy.

=copiar,= to copy.

=copo,= *m.*, bunch of flax.

=Corán,= *m.*, the Koran.

=corazón,= *m.*, heart.

=cordero,= *m.*, lamb.

=cordial=, cordial.

=cordón=, *m.*, string; belt, cord.

=coro=, *m.*, chorus; choir.

=corona=, *f.*, crown.

=coronel=, *m.*, colonel.

=corpulento,-a=, corpulent, fat.

=correcto,-a=, correct.

=correr=, to run.

=corresponder=, to fall to the share of.

=corrida=, *f.*, bullfight.

=cortar=, to cut; cut down,

=corte=, *f.*, court.

=corte=, *m.*, edge (of a knife).

=cortés=, courteous, polite.

=cortesano=, *m.*, courtier.

=cortesía=, *f.*, courtesy.

=corto,-a=, short.

=Coruña (la)=, a province and city of northwestern Spain.

=cosa=, *f.*, thing; matter; =—— rara=, wonder.

=cosecha=, *f.*, harvest.

=cosechar=, to reap, harvest,

=costa=, *f.*, coast.

=costar, (ue)=, to cost.

=costo=, *m.*, cost.

=costumbre=, *f.*, custom, habit; *pl.*, manners.

=cráneo=, *m.*, cranium, skull.

=crecer=, (*pres.* =crezco=), grow.

=crecido,-a=, increased.

=creer=, (*pres. part.* =creyendo=), to believe; think.

=cresta=, *f.*, crest.
=creyendo=, *pres. part. of* =creer=.
=creyente=, *m.*, believer, faithful.
=creyera=, *past subj., first form, of* =creer=.
=creyó=, *past abs. of* =creer=.
=cría=, *f.*, raising; brood.
=criada=, *f.*, servant, maid.
=criadero=, *m.*, breeding place.
=criado=, *m.*, servant.
=criar=, to beget; raise, bring up.
=cristal=, *m.*, crystal, cut glass.
=cristalería=, *f.*, glass, glassware.
=cristiano,-a=, Christian.
=cuaderno=, *m.*, copy book.
=cuadrado,-a=, square.
=cuadro=, *m.*, picture; painting.
=cual=, which; =el ——=, who, which; =lo ——=,
what; =cada ——=, each one.
=¿cuál?= what? which?
=cualquier=, any, whatsoever.
=cualquiera=, whoever.
=cuando=, when.
=¿cuándo?= when?
=cuanto,-a=, as much as; all that; =—— más..., tanto más=,
the..., the; =en —— a=, concerning, regarding;
=en ——=, as soon as.
=¿cuánto,-a?= how much? how many?
=cuarenta,= forty.
=cuarto,-a,= fourth, quarter.
=cuarto,= *m.*, room.
=cuatro,= four.
=cubierta,= *f.*, covering.
=cubrir,= (*p.p.* cubierto), to cover.
=cuchillo,= *m.*, knife.
=cuelo,= *pres. of* =colar(se).=
=cuello,= *m.*, neck.
=cuenta,= *f.*, bill.
=cuento,= *pres. of* =contar.=
=cuento,= *m.*, story, tale.
=cuerdo,-a,= wise.
=cuerno,= *m.*, horn (of an animal).
=cuero,= *m.*, leather, pelt.
=cuerpo,= *m.*, body.
=cuesta,= *f.*, hillside, slope; =—— arriba,= uphill.
=—— abajo,= downhill.

=cuestan,= *pres.of* =costar.=

=cuestión,= *f.*, question.

=cuidado,= *m.*, care; =tener ——=, to be careful;

=¡no tengas ——!=, don't worry!

=cuidar,= to be careful; tend.

=culpar,= to blame.

=cultivar,= to cultivate.

=cultivo,= *m.*, cultivation.

=cumplir,= to fulfill, accomplish; serve out.

=cúpula,= *f.*, dome.

=cura,= *m.*, priest.

=curar,= to heal.

=curiosidad,= *f.*, curiosity.

=curso,= *m.*, course.

=curvo,-a,= curved.

=cutis,= *m.*, skin.

=cuyo,-a,= whose, of which.

=CH=

=chanza,= *f.*, joke; entender de—s, to be trifled with.

=charco, = *m.*, pool, pond.

=chasco,= *m.*, trick.

=chato,-a,= flat.

=Chiapas,= a province of Mexico.

=chico,-a,= small.

=Chile,= *m.*, Chile.

=chillar,= to screech, scream.

=China,= *f.*, China.

=chiquillo,= *m.*, little boy.

=chiquitína,= *f.*, little girl.

=chispa,= *f.*, spark.

=¡chispas!= thunder and lightning! zounds!

=chocar,= to strike, hit.

=chocolate,= *m.*, chocolate.

=chupona,= *f.*, leech.

=D=

=dama,= *f.*, lady.

=danzar,= to dance.

=daño,= *m.*, damage, injury.

=dar,= (*pres.* =doy,= *past abs.* =di=),

to give; =—— parte=, to inform; =—— un chasco=, to play a trick;

=—— una media vuelta=, to turn around; =—— un paso=, to take a

step; =— un salto=, to jump; =no te dé el sol=, let the sun not
find you.
=Darién=, isthmus and gulf in Colombia.
=David=, *m.*, David.
=de=, of, from, in, with, by; *after a comparative*, than.
=dé=, *pres. subj. of* =dar=.
=debajo (de)=, below, under.
=deber=, must; ought; to owe; =——se=, to be due.
=deber=, *m.*, duty.
=débil=, weak.
=debilitando=, *pres. part, of* =debilitar=.
=debilitar=, to become weak.
=decidir=, to decide.
=decir, (digo, diré, dije, dicho)=, to say, tell, mention;
=querer ——=, to mean; =diciendo y haciendo=, suiting the action
to the word.
=declarar=, to declare.
=declive=, *m.*, slant; =en ——=, slanting.
=dedicarse=, to devote one's self, devote.
=dedo, *m.*, finger; toe.
=degollar=, (ue), to behead.
=deguello=, *pres. of* =degollar=.
=dejar=, to let; leave, fail, forsake; =no dejaba de tener=, could
not help
=having.
=del = de el=.
=delante (de)=, before, in front of.
=delegación=, *f.*, delegation.
=deleitado,-a=, delighted.
=deleitarse=, to delight.
=deleite=, *m.*, to delight, pleasure.
=deletrear=, to spell.
=delgado,-a=, thin, lean.
=delicado,-a=, delicate.
=demandar=, to demand; ask.
=demasiado,-a=, excessive.
=demasiado=, *adv.*, too much, too, excessively.
=demonio=, *m.*, devil.
=demostrar, (ue)=, to show; prove.
=denso,-a=, dense, thick; heavy.
=dentro=, within; inside.
=derecho,-a=, straight; right.
=derecho=, *m.*, right.
=derribar=, to break down.
=desaliento=, *m.*, discouragement, disappointment.

=desaparecer=, *(pres.* =desaparezco=), to disappear; be gone (dead).

=desaparezca=, *pres. subj. of* =desaparecer=.

=desarrollar=, to develop.

desatar, to untie.

desatento,-a, inattentive.

desazón, *f.*, annoyance.

descansar, to rest.

descender, (ie), to descend.

=descendida,= *f.*, descent, fall.

=descendiendo,= *pres. part. of*

=descender.=

=descendiente,= *m.*, descendant.

=desciende,= *pres. of* =descender.=

=descontento,-a,= dissatisfied.

=descontinuar,= to discontinue, stop.

=describir,= *(p.p.* =descrito=), to describe.

=descripción,= *f.*, description.

=descubierto,= *p.p. of* =descubrir.=

=descubrimiento,= *m.*, discovery.

=descubrir,= *(p.p.* =descubierto=), to discover, make out, discern, reveal.

=descuida,= *imper. of* =descuidar,= don't worry.

=desde,= since; from.

=desdeñosamente,= disdainfully.

=desdicha,= *f.*, misfortune.

=desear, =to desire, wish.

=desechar,= to cast off, cast aside.

=deseo,= *m.*, desire, wish.

=desesperación,= *f.*, despair.

=desesperado,-a,= desperate; despairing.

=desgraciadamente,= unfortunately.

=deshelar, (ie),= to thaw.

=deshiela,= *pres. of* =deshelar.=

=desierto,-a,= deserted, uninhabited.

=desigualdad,= *f.*, inequality.

=deslizarse,= to slip.

=desmayado,-a,= in a faint, dismayed.

=desmayar,= to faint.

=desmejorar,= to decline, deteriorate.

=desnudo,-a,= bare, naked.

=desobediente,= disobedient.

=despacio,= slowly.

=despedirse, (i),= to take leave.

=despertar, (ie),= to awaken, wake up.

=despidió,= *past abs. of* =despedir (se).=

=despique,= *m.*, spite: revenge.

=despropósito=, *m.*, absurdity.

=después,= afterwards, later; =——— de,= after.

=destilación,= *f.*, distillation; distilling.

=destino,= *m.*, fate, destiny.

=destrozar,= to destroy.

=destrozo,= *m.*, destruction, damage.

=destruir,= (*pres.* =destruyo=), to destroy.

=desvanecer,= (*pres.* =desvanezco=), to dissipate, cause to disappear.

=desvelo,= *m.*, watching.

=desvestir,= (*pres.* =desvisto=), to undress.

=detener, (ie;= *see* =tener),= to detain, hold back; =——se,= to stop.

=determinar,= to determine.

=detrás (de),= behind.

=detuvo,= *past abs. of* =detener.=

=devolver, (ue;= *p.p.* =devuelto),= to give back, return.

=devorar,= to devour.

=dí,= *imper. of* =decir.=

=día,= *m.*, day; =¡buenos——s!= good day!

=diablo,= *m.*, devil.

=¡diantre!= the deuce!

=diariamente,= daily.

=diario,-a,= daily.

=diario,= *m.*, daily newspaper.

=dice,= *pres. of* decir,

=diciembre,= *m.*, December.

=diciendo,= *pres. part, of* decir,

=dictar,= to dictate.

=dicho,= *p.p. of* decir,

=dicho,= *m.*, saying.

=dichoso,-a,= happy.

=diente,= *m.*, tooth.

=diera,= *past subj., first form, of* =dar.=

=dieron,= *past abs. of* =dar.=

=diestro,-a,= skilled, skillful.

=diez,= ten.

=diferencia,= *f.*, difference.

=diferenciarse,= to consider one's self different.

=diferente,= different.

=difícil,= difficult.

=dificultad,= *f.*, difficulty.

=difunto,-a,= departed.

=diga,= *pres. subj. of* =decir.=

=digo,= *pres. indic. of* =decir.=

=dijo,= *past abs. of* =decir.=

=diligencia,= *f.*, =diligence.=

=diligente,= diligent.

=diligentemente,= diligently.

=dinamita,= *f.*, dynamite.

=dinero,= *m.*, money.

=dió,= *past abs. of* =dar.=

=Dios,= *m.*, God.

=diosa,= *f.*, goddess.

=diputado,= *m.*, deputy.

=diré,= *fut. of* decir.

=dirección,= *f.*, direction, management.

=directamente,= directly.

=dirigir,= to direct, conduct; =——se,= to address one's self to, turn toward.

=discípula,= *f.*, pupil.

=discípulo,= *m.*, pupil.

=disco,= *m.*, disk.

=discontento,-a,= dissatisfied.

=disculpar,= to palliate, excuse.

=discurrir,= to discuss, converse; think out.

=discusión,= *f.*, discussion.

=disgusto,= *m.*, annoyance, trouble, vexation.

=disimular,= to dissemble, disguise; hide.

=disparate,= *m.*, nonsense.

=dispensar=, to excuse, pardon; spare, get along without.

=disponer=, (*see* =poner=), to dispose.

=distancia=, *f.*, distance.

=distinguido,-a=, distinguished.

=distinguir=, to distinguish; =——se=, to distinguish one's self, be famous.

=distintamente=, distinctly, plainly.

=distraer=, (*see* =traer=), to distract.

=distribución=, *f.*, distribution.

=distrito=, *m.*, district.

=diversión=, *f.*, diversion, amusement.

=diversos,-as=, several.

=dividir=, to divide.

=divisar=, to see, behold.

=doble=, double; double bill.

=doce=, twelve.

=dólar=, *m.*, dollar.

=dolor=, *m.*, pain; =—— de cabeza=, headache.

=Dolores=, *f.*, Dolores.

=dominar=, to dominate.
=domingo=, *m.*, Sunday.
=dominio=, *m.*, domination, rule.
=donde=, where.
=¿dónde?= where? =¿por——?= by what way *or* road?
=dondequiera=, wheresoever.
=dormir, (ue)=, to sleep.
=dos=, two; =a las——=, at two o'clock.
=doscientos=, two hundred.
=doy=, *pres. of* =dar=.
=dragón=, *m.*, dragon.
=drama=, *m.*, drama,
=ducado=, *m.* ducat (*a gold coin worth $2.28*).
=duda=, *f.*, doubt.
=dudar=, to doubt.
=dudilla=, *f.*, slight doubt.
=dueño=, *m.*, master, owner.
=duermen=, *pres. of* =dormir=.
=dulce=, sweet.
=durante=, during.
=durar=, to last.
=duro,-a=, hard, irksome.
=duro=, *m.*, dollar (5 pesetas).

=E=

=e = y=, and (*before* =i= *or* =hi=).
=ebanistería=, *f.*, cabinet work.
=ébano=, *m.*, ebony.
=economía=, *f.*, economy, saving.
=echar=, to throw; cast (*of nets*); =—— la casa por la ventana=, to turn the house out of windows.
=edad=, *f.*, age; =mayor de——=, of age.
=edificio=, *m.*, building.
=educación=, *f.*, education.
=efe=, *f.*, the letter F.
=efecto=, *m.*, effect, result;
=en——=, in fact.
=Egipto=, *m.*, Egypt.
=ejecutar=, to execute, carry out.
=ejecutivo,-a=, executive.
=ejercer=, to exercise.
=el=, the, the one, that; =—— que=, he who.
=él=, he, it; him (*after a prep*).
=elástico,-a=, elastic; =goma elástica=, rubber.

=elector=, *m.*, elector.
=eléctrico,-a=, electric.
=elegir, (i)=, to elect, choose.
=elevado,-a=, high, elevated.
=elevarse=, to rise.
=elogiar=, to praise.
=elogio=, *m.*, eulogy, praise.
=Elvira=, *f.*, Elvira.
=ella=, she, it; her *(after a prep.)*.
=ellos,-as=, they; them *(after a prep)*.
=embargo=, =sin ———=, nevertheless.
=embestir, (i)=, to attack.
=embriagado,-a=, drunk, intoxicated.
=embustero, *m.*, swindler.
=eminentemente=, chiefly.
=empalar=, to impale.
=empeñar=, to pawn; =——se, to insist upon; be obstinate.
=empeorar=, to become worse.
=emperador=, *m.*, emperor.
=empero=, however.
=empezar, (ie)=, to begin, commence.
=empiece=, *pres. subj. of* =empezar=.
=empieza=, *pres. of* =empezar=.
=emplear=, to employ; require.
=emprender=, to undertake.
=empresa=, *f.*, undertaking.
=en=, in, on, at, for, into.
=encalabrinarse=, to become infatuated with.
=encantado,-a=, delighted.
=encantador,-ra=, charming, bewitching.
=encargar=, to charge, command.
=encerrar, (ie)=, to lock up, lock in.
=encontrar, (ue)=, to meet, find;—se, to be, be found.
=encrucijada=, *f.*, crossroads.
=encuentra=, *pres. of* =encontrar=.
=endiablado,-a=, devilish, accursed.
=enemigo,-a=, hostile.
=enemigo=, *m.*, enemy.
=enero=, *m.*, January.
=enfadarse=, to become angry.
=énfasis=, *f.*, emphasis.
=enfermo,-a=, sick, ill.
=engañar=, to deceive, swindle; =——se=, to be mistaken.
=engreír=, to make conceited, make proud.
=enigma=, *m.*, puzzle, riddle.

=enjambre=, *m.*, swarm.
=enojar=, to annoy; displease.
=enorme=, enormous, grievous.
=Enrique=, *m.*, Henry.
=ensangrentar, (ie)=, to stain with blood.
=ensayar=, to try, attempt.
=ensayo=, *m.*, trial, attempt.
=enseñar=, to teach; show.
=entender, (ie)=, to understand.
=entendimiento=, *m.*, understanding, sense.
=enteramente=, entirely.
=enterar=, to inform.
=enternecido, -a=, moved, deeply affected.
=entero,-a=, entire, whole.
=enterrar, (ie)=, to inter, bury.
=entiende=, *pres. of* =entender=.
=entierro=, *m.*, burial; *see* =sardina=.
=entonar=, to intone, sound.
=entonces=, then, thereupon.
=entrada=, *f.*, entrance, admission; coming.
=entrar=, to enter.
=entre=, between, among.
=entreabierto,-a=, half-open.
=entregar=, to hand, give.
=enviar, (i)=, to send.
=epitafio=, *m.*, epitaph.
=epiteto=, *m.*, epithet.
=época=, *f.*, epoch, period, time.
=equivaldrá=, *fut. of* =equivaler=.
=equivaler=, (*see* =valer=), to equal.
=era=, *past descr. of* =ser=.
=era=, *f.*, era.
=eres=, *pres. indic. of* =ser=.
=errar=, (*pres. of* =yerro=), to err, be mistaken.
=error=, *m.*, error, mistake.
=erudito,-a=, learned.
=es=, *pres. 3 sing. of* =ser=.
=escabeche=, *m.*, pickle, brine.
=escaldar=, to burn; scald.
=escalera=, *f.*, stairs.
=escalfar=, to poach (eggs).
=escandaloso,-a=, scandalous; furious.
=escapar=, to escape.
=escarmentar, (ie)=, to become wise by experience.
=escena=, *f.*, scene.

=esclavo=, *m.*, slave.
=esclusa=, *f.*, lock.
=escondido,-a=, hidden.
=escopetazo=, *m.*, gunshot.
=escribir=, (*p.p.* =escrito=), to write.
=escrito=, *p.p. of* =escribir=.
=escritor=, *m.*, writer.
=escritura=, *f.*, writing; =la Sagrada ———=, Holy Writ.
=escuchar=, to listen, hear.
=escudo=, *m.*, escutcheon.
=escuela=, *f.*, school.
=escupir=, to spit, spit at.
=ese, esa, eso=, that; =a eso de=, about; =algo de eso=,
something like this.
=esencia=, *f.*, essence.
=esfuerzo=, *m.*, achievement.
=espacio=, *m.*, space.
=espantado,-a=, frightened.
=espantar=, to frighten.
=espanto=, *m.*, fright, shock.
=España=, *f.*, Spain.
=español,-la=, Spanish; Spaniard.
=esparcido,-a=, scattered.
=especial=, special.
=especialmente=, specially.
=espectáculo=, *m.*, spectacle; scenic representation.
=espejo=, *m.*, mirror, looking-glass.
=esperanza=, *f.*, hope.
=esperar=, to hope, expect; wait, await, wait for.
=espeso,-a=, thick, dense.
=espina=, *f.*, thorn.
=espinazo=, *m.*, spine,
=espirar=, to expire, die.
=espíritu=, *m.*, spirit; courage.
=espléndido,-a=, magnificent, splendid.
=esposa=, *f.*, wife.
=esposo=, *m.*, husband; =———s=, husband and wife, couple.
=esqueleto=, *m.*, skeleton.
=está=, *pres. indic. 3 sing. of* =estar=.
=establecer=, (*pres.* =establezco=), to establish.
=establecimiento=, *m.*, establishment.
=establo=, *m.*, stable.
=estación=, *f.*, season; =——— de las aguas=, rainy season.
=estado=, *m.*, state; =los Estados Unidos=, the United States.
=estaño=, *m.*, tin.

=estar=, (*pres.* =estoy=, *past abs.* =estuve=),
to be; =―― para=, to be on the point of; =――se=, to stay out.
=este, esta, esto=, this.
=éste, ésta=, this one; the latter.
=este=, *m.*, east.
=estenografía=, *f.*, stenography.
=estéril=, barren.
=estimado,-a=, esteemed, valued.
=esto=, (*neuter of* =este=): =en ――=, hereupon.
=estómago=, *m.*, stomach.
=estoy=, *pres. indic. 1 sing. of* =estar=.
=estraño,-a=, strange, foreign.
=estrecho,-a=, narrow.
=estrellado,-a=, broken; =huevos ――s=, fried eggs.
=estremecerse=, (*pres.* =estremezco=), to receive a shock,
shake, tremble.
=estreno=, *m.*, first performance.
=estuche=, *m.*, barber's bag.
=estudiante=, *m.*, student.
=estudiar=, to study.
=estudio=, *m.*, study.
=estupendo,-a=, tremendous.
=estúpidamente=, stupidly.
=estúpido,-a=, stupid.
=estuve=, *past abs. of* =estar=.
=etc. = etcétera=, and so forth.
=eternamente=, eternally.
=eterno,-a=, eternal.
=Eulalia=, *f.*, Eulalia.
=Europa=, *f.*, Europe.
=europeo,-a=, European.
=evidente=, evident.
=evitar=, to avoid, prevent.
=exactamente=, exactly, accurately.
=exacto,-a=, exact, accurate; conscientious.
=examinar=, to examine.
=excelencia=, *f.*, excellence; excellency.
=excelente=, excellent.
=excelentísimo,-a=, most excellent.
=excitar=, to excite.
=exclamar=, to exclaim.
=exclusivo,-a=, exclusive.
=exequias=, *f. pl.*, exequy, funeral ceremony.
=exhalar=, to exhale.
=exigir=, to request; demand, exact.

=éxito=, *m.*, outcome, success.
=experiencia=, *f.*, experience.
=expirar=, to expire, die.
=explicación=, *f.*, explanation.
=explicar=, to explain.
=explique=, *pres. subj. of* =explicar=.
=explotación=, *f.*, exploitation.
=exponer=, (*see* =poner=), to lay before.
=exportación=, *f.*, export.
=exportar=, to export; =——se=, to be exported.
=expresión=, *f.*, expression.
=expusieron=, *past abs. of* =exponer=.
=extender, (ie)=, to extend, stretch out.
=extensión=, *f.*, extension, extent.
=extenso,-a=, extended; wide, extensive.
=exterior=, exterior, foreign.
=exterior=, *m.*, exterior, appearance.
=externo,-a=, external.
=extiende=, *pres. of* =extender=.
=extraer=, (*see* =traer=), to extract.
=extranjero,-a=, foreign.
=extranjero=, *m.*, foreigner.
=extrañar=, to wonder, wonder at.
=extrañeza=, *f.*, wonder, surprise.
=extraño,-a=, strange, peculiar.
=extraordinario,-a=, extraordinary.
=extremidad=, *f.*, extremity.
=extremo,-a=, extreme, furthest; =en ——=, extremely.
=extremo=, *m.*, end.

=F=

=fábrica=, *f.*, factory.
=fabricación=, *f.*, manufacture.
=fabricar=, to manufacture, produce; erect.
=fabrique=, *pres. subj. of* =fabricar=.
=fácil=, easy.
=facilidad=, *f.*, ease.
=facilitar=, to facilitate.
=falso,-a=, false, wrong.
=falta=, *f.*, mistake; =hacer ——=, to be necessary;
=sin ——=, without fail.
=faltar=, to be wanting, be missing; =falta=, it is necessary;
=me ——=, I need.
=faltriquera=, *f.*, pocket.

=fama=, *f.*, reputation; = —— es=, the story goes.
=familia=, *f.*, family.
=famoso,-a=, famous.
=fanfarria=, *f.*, fanfare.
=fantasía=, *f.*, fancy, imagination.
=farsa=, *f.*, farce.
=fatal=, fatal.
=fatigado,-a=, tired, worn out.
=favor=, *m.*, favor; =a —— de=, in favor of, in behalf of.
=faz=, *f.*, face.
=fé=, *f.*, faith; =a —— mía=, upon my word.
=febrero=, *m.*, February.
=fecundísimo,-a=, very fertile.
=fecundo,-a=, fertile.
=fecha=, *f.*, date.
=federal=, federal.
=Federico=, *m.*, Frederick.
=Felipe=, *m.*, Philip.
=feliz=, happy.
=felizmente=, happily, without mishap.
=feo,-a=, ugly.
=feria=, *f.*, fair.
=Fernando=, *m.*, Ferdinand.
=feroz=, ferocious.
=ferrocarril=, *m.*, railroad.
=fertil=, fertile.
=festejarse=, to enjoy one's self.
=fiado,-a=, trusted; =al ——=, on trust.
=fiar=, to trust.
=fiel=, faithful.
=fiero,-a=, wild; defiant.
=figura=, *f.*, face.
=fijar=, to fix, fasten; =—se=, to concentrate; =me fijo
mejor=, I look more closely.
=fila=, *f.*, rank; file.
=filial=, filial.
=Filipinas=, *f. pl.*, the Philippines.
=fin=, *m.*, end; =al ——=, at last; =en ——=,
finally; =por ——=, at last; =a este ——=, for this purpose.
=finalizar=, to conclude, finish.
=finalmente=, finally.
=finca=, *f.*, estate.
=fino,-a=, fine.
=firmar=, to sign.
=firme=, firm; loud.

=flaco,-a=, lean.
=flor=, *f.*, flower.
=florecer=, (*pres.* =florezco=), to bloom.
=fonda=, *f.*, inn.
=fondo=, *m.*, bottom.
=fontanero=, *m.*, plumber.
=forastero=, *m.*, stranger; foreigner.
=formar=, to form.
=formidable=, tremendous.
=fortuna=, *f.*, fortune.
=fracaso=, *m.*, breakdown, ruin, crash.
=fragoso,-a=, crisp.
=francés,-esa=, French; *as noun*, Frenchman, French woman.
=Francesca=, *Ital.*, Frances.
=Francia=, *f.*, France.
=franco,-a=, frank.
=franco=, *m.*, franc.
=frasco=, *m.*, bottle.
=frase=, *f.*, sentence.
=frecuentemente=, frequently.
=frente=, *f.*, forehead; =en ——=, opposite, in front of.
=fresco,-a=, fresh, cool; =hace ——=, it is cool.
=fríjol=, *m.*, bean.
=frío,-a=, cold.
=frío=, *m.*, cold; =hace ——=, it is cold;
=tener ——=, to be cold.
=frito,-a=, fried.
=fruta=, *f.*, fruit.
=frutal=, fruitbearing; =árbol ——=, fruit tree.
=fué=, *past abs. of* =ser= *or* =ir=.
=fuego=, *m.*, fire.
=fuente=, *f.*, fountain; =pluma ——=, fountain pen.
=fuera=, outside.
=fuerte=, strong.
=fuerza=, *f.*, strength, force; =a —— de=, on account of.
=fuese=, *past subj., second form, of* =ser=.
=fuí=, *past abs. of* =ser= *or* =ir=.
=función=, *f.*, performance, representation.
=fundar=, to found, establish.
=fundición=, *f.*, foundry.
=funeral=, funeral.
=furioso,-a=, furious.

=G=

=gala=, *f.*, gala; =gran ——=, full dress; =vestir
de ——=, to put on one's best clothes.
=galantería=, *f.*, gallantry, compliment.
=gallina=, *f.*, hen.
=gallinero=, *m.*, hen coop.
=gallo=, *m.*, rooster.
=gana=, *f.*, desire; =me da la——=, it comes into my head.
=ganado=, *m.*, cattle; =—— vacuno=, cattle (bovine).
=ganancia=, *f.*, profit.
=ganar=, to gain, earn, win.
=garganta=, *f.*, throat.
=garra=, *f.*, claw, clutch.
=garzoncillo=, *m.*, little shaver.
=gastar=, to spend, waste.
=gasto=, *m.*, expense, expenditure.
=gato=, *m.*, cat.
=general=, general.
=general=, *m.*, general; general admission.
=generalmente=, generally.
=Génova=, *f.*, Genoa, a city of Italy.
=gente=, *f.*, people.
=geografía=, *f.*, geography.
=glacial=, icy, cold, frigid.
=gloria=, *f.*, glory; happiness.
=gobernador=, *m.*, governor.
=gobernar=, to govern, rule.
=gobierno=, *m.*, government.
=golfo=, *m.*, gulf.
=goma=, *f.*, rubber.
=gordo,-a=, fat, big, heavy; serious.
=gota=, *f.*, drop.
=gozar=, to enjoy.
=gracia=, *f.*, grace; =——s=, thanks; =caer en ——=,
to meet with favor; =dar ——=, to thank.
=graciosamente=, gratis, for nothing.
=gracioso,-a=, splendid, fine; ridiculous.
=grada=, *f.*, step.
=grado=, *m.*, rank, grade.
=gramática=, *f.*, grammar.
=gran=, *see* =grande=.
=grana=, *f.*, scarlet, red.
=granar=, to bear fruit.
=grande=, great, large, tall.
=grande=, *m.*, grandee.
=grandioso,-a=, magnificent.

=grano=, *m.*, grain.
=grato,-a=, pleasing, pleasant.
=gravísimo,-a=, most important.
=graznar=, to screech, hoot, croak.
=gris=, gray.
=gritar=, to shout.
=grito=, *m.*, shout.
=grueso,-a=, thick, heavy.
=grulla=, *f.*, crane.
=gruñir=, to grunt.
=guano=, *m.*, guano, an excellent South American fertilizer.
=guapo,-a=, pretty, good-looking.
=guardar=, to keep.
=guardia=, *m.*, watchman; =—— municipal=, policeman.
=Guatemala=, *f.*, Guatemala.
=guerra=, *f.*, war.
=guisar=, to prepare.
=guiso=, *m.*, preparation, seasoning (of food).
=gustar=, to enjoy, please; =me gusta=, I like.
=gusto=, *m.*, pleasure; =da ——=, it is a pleasure.

=H=

=ha=, *pres. indic. sing. of* =haber=.
=Habana (la)=, the capital of Cuba.
=haber=, (i]pres. =*he*=, past abs. =*hube*=),
to have (only as auxiliary); happen;
=—— de=, must, to have to, be to;
=—— que=, to have to;
=había, hubo=, there was, there were;
=mucho tiempo ha=, a long time ago.
=hábil=, skillful.
=habilidad=, f., skill.
=habitante=, m., inhabitant.
=habitar=, to inhabit, live, dwell.
=hábito=, m., coat.
=hablar=, to speak.
=habrá=, fut. of =haber=.
=hacer=, (=hago, haré, hice, hecho=), to do, make;
=—— caso de=, to take notice of;
=—— saltar=, to cause to explode;
=—se=, to become;
=—se cargo de=, to undertake;
=—— venir=, to send for;
=hace poco=, a short while ago;

=hace siglos=, centuries ago;

=hace tiempo=, some time ago;

=hace buen tiempo=, it is fine weather.

=hacia=, towards.

=hacienda=, f., estate, landed property.

=haga=, pres. subj. of =hacer=.

=hago=, pres. indic. of =hacer=.

=halcón=, m., hawk.

=hallar=, to find; =—se=, to be, happen to be.

=hambre=, f., hunger; =tener ——=, to be hungry.

=hambriento,-a=, hungry.

=han=, pres. indic. 3 pl. of =haber=.

=haré=, fut. of =hacer=.

=harmonía=, f., harmony.

=hartar=, to satiate; =no se hartaba=, did not tire of.

=hasta=, until, as far as, even; =—— que=, until.

=hay=, (impersonal pres. of =haber=), there is, there
are; =¿qué —— de nuevo?= what is the news?

=hayamos=, pres. subj. 3 pl. of =haber=.

=he=, pres. of =haber=.

=hechizo=, m., pleasure; delight.

=hecho=, m., fact, deed.

=hecho=, p.p. of =hacer=.

=helado,-a=, frozen.

=helar, (ie)=, to freeze; =—se=, to be frozen.

=héme=, lo, behold,

=hemos=, pres. indic. 1 pl. of =haber=.

=henchir, (i)=, to swell.

=heno=, m., hay.

=heredero=, m., heir.

=herida=, f., wound.

=hermana=, f., sister.

=hermano=, m., brother; =—s=, brothers and sisters.

=hermosísimo,-a=, superl. of =hermoso=.

=hermoso,-a=, beautiful.

=hermosura=, f., beauty.

=héroe=, m., hero,

=herrero=, m., blacksmith.

=hiciera=, past subj., first form, of =hacer=.

=hiela=, pres. of =helar=.

=hielo=, m., frost; ice.

=hierba=, f., grass.

=hierro=, m, iron.

=hija=, f., daughter.

=hijo=, m., son.

=hilado=, p.p. of =hilar=.

=hilar=, to spin.

=hilo=, m., thread.

=himno=, m., hymn.

=hinojo=, m., knee; fennel; =de ———s=, on one's knees.

=hipopótamo=, m., hippopotamus.

=historia=, f., history; story.

=hizo=, past abs. of =hacer=.

=hocico=, m., snout; mouth (of an animal); =dar con la puerta en los ———s=, to slam the door in one's face.

=hogar=, m., hearth.

=hoja=, f., leaf.

=¡hola!= hello!

=hombre=, m., man, mankind.

=honrado,-a=, honorable, honest.

=honroso,-a=, worthy of honor, distinguished.

=hora=, f., hour.

=hoy=, to-day.

=hubiera=, past subj., first form, of =haber=.

=hubiese=, past subj., second form, of =haber=.

=hubo=, past abs. of =haber=.

=hueco,-a=, hollow.

=hueco=, m., hollow, opening.

=huérfano=, m., orphan.

=hueso=, m., bone.

=huésped=, m., guest.

=huéspeda=, f., landlady.

=huevo=, m., egg.

=Hugonote,-ta=, m. and f., Huguenot; =a la Hugonota=, in Huguenot style.

=huir=, (pres. =huyo=), to flee.

=humano,-a=, human.

=humedecido,-a=, moist, wet.

=húmedo,-a=, moist, humid.

=humildad=, f., humility.

=humilde=, humble.

=humildemente=, humbly.

=humillación=, f, humiliation.

=humo=, m., smoke.

=hundirse=, to sink.

=hurtar=, to steal.

=huye=, pres. of =huir=.

=I=

=iba=, past descr. of =ir=.
=idea=, f., idea.
=ideal=, ideal.
=idiota=, m., idiot, simpleton, fool.
=ido=, p.p. of =ir=.
=ídolo=, m., idol.
=iglesia=, f., church.
=Ignacio=, m., Ignatius.
=ignorar=, to ignore, not to know.
=igual=, equal.
=igualdad=, f., equality.
=ilusión=, f., illusion, dream.
=ilustre=, illustrious, famous, celebrated.
=ilustrísimo,-a=, most illustrious.
=imagen=, f., image, picture; statue.
=imitar=, to imitate.
=impaciencia=, f., impatience.
=impedir, (i)=, to hinder, prevent.
=imperial=, imperial.
=imperio=, m., empire.
=impertinente=, impertinent.
=impido=, pres of =impedir=.
=imponer=, (see =poner=), to impose, lay upon.
=importación=, f., import.
=importancia=, f., importance.
=importante=, important.
=importar=, to import; be of importance; =no me importa=, I do
not care.
=importunar=, to importune, bother.
=impregnar=, to impregnate, saturate.
=impresión=, f., impression.
=imprudencia=, f., imprudence.
=impuesto=, m., tax.
=impuso=, past abs. of =imponer=.
=inaugurar=, to inaugurate, open.
=incluido,-a=, included; inclusive.
=incluir=, (pres. =incluyo=), to include.
=incluyen=, pres. of =incluir=.
=incluyendo=, pres. part. of =incluir=.
=incomodar=, to trouble.
=incómodo,-a=, annoying, troublesome.
=inconcebible=, inconceivable.
=incrédulo,-a=, incredulous.
=indebidamente=, improperly, illegally.
=indecente=, indecent, improper.

=indemnización=, f., indemnity.
=indiano,-a=, Indian.
=Indias=, f. pl., the (East or West) Indies.
=indignación=, f., anger, resentment.
=indignado,-a=, indignant.
=indignarse=, to become angry.
=indio,-a=, Indian.
=indirectamente=, indirectly.
=indispensable=, indispensable.
=indistintamente=, indistinctly.
=individuo=, m., individual.
=industria=, f., industry, trade.
=inesperado,-a=, unexpected.
=inevitable=, inevitable.
=inexperto,-a=, unskilled.
=infanta=, f., infanta, a princess of the Spanish royal family.
=inferior=, inferior; lower.
=infierno=, m., hell, infernal regions.
=infortunado,-a=, unfortunate.
=infortunio=, m., misfortune.
=ingeniería=, f., engineering.
=ingeniero=, m., engineer.
=ingenio=, m., genius, intelligence; industry;
=—— de azúcar=, sugar work, sugar plantation.
=ingenioso,-a=, ingenious, skillful.
=Inglaterra=, f., England.
=inglés,-esa=, English.
=inhalar=, to inhale.
=injusto,-a=, unjust.
=inmediatamente=, immediately.
=inmediato,-a=, adjoining, next.
=inmenso,-a=, immense.
=inmigrante=, m., immigrant.
=inmortal=, immortal.
=inquietar=, to disturb.
=inscripción=, f., inscription.
=instante=, m., instant; =al ——=, instantly.
=instituto=, m., institute.
=inteligencia=, f., intelligence.
=inteligente=, intelligent.
=intensamente=, intently.
=intentar=, to try, attempt.
=intento=, m., intention.
=interesante=, interesting.
=interesantísimo=, superl. of =interesante=.

=interior=, m., interior.
=interpretar=, to interpret, represent.
=interrogativo,-a=, interrogative, questioning.
=interrumpir=, to interrupt.
=íntimo,-a=, intimate, close.
=introducir=, (pres. =introduzco=, past abs.
=introduje=), to introduce.
=introdujo=, past abs. of =introducir=.
=inútil=, useless.
=invasión=, f., invasion.
=inventar=, to invent.
=inventor=, m., inventor.
=invertir, (ie)=, to invest (money).
=invierno=, m., winter.
=invirtieron=, past abs. of =invertir=.
=ir=, (pres. =voy=, past descr. =iba=,
fut. =iré=, past abs. =fuí=, p.p.
=ido=, pres. subj. =vaya=, past subj.
=fuera= and =fuese=), to go, be going to;
=―――― a paseo=, to go walking; =el cuerpo se iba debilitando=,
the body kept on growing weaker.
=irritante=, irritating.
=irse=, (see =ir=), to go, go away.
=Isaías=, m., Isaiah.
=Iseo=, f., Isolda.
=isla=, f., island.
=istmo=, m., isthmus.
=Italia=, f., Italy.
=izquierdo,-a=, left.

=J=

=Jaime=, m., James.
=jamás,= never; ever.
=Japón (el)=, Japan.
=jardín=, m., garden.
=Jeremías=, m., Jeremiah.
=Jérico=, m., Jericho.
=jirafa=, f., giraffe.
=jornada=, f., journey.
=jornalero=, m., workingman, day laborer.
=joven=, young.
=joven=, m., youth.
=Juan=, m., John.
=Juana=, f., Jane.

=juega=, pres. of =jugar=.

=juego=, m., game, sport.

=jueves=, m., Thursday.

=juez=, m., judge.

=jugar, (ue)=, to play.

=jugo=, m., juice.

=juguete=, m., plaything, toy.

=juicioso,-a=, wise.

=Julio=, m., Julius.

=julio=, m., July.

=jumento=, m., donkey.

=junio=, m., June.

=juntar=, to join, connect; =—se=, to meet, come together.

=junto,-a=, joined, connected; =—s=, together; =a ——s=, close by.

=junto=, adv., close to, near.

=jurar=, to swear.

=justamente=, justly.

=justo,-a=, just; =lo ——=, just enough.

=juzgar=, to judge.

=K=

=kilómetro=, m., kilometer.

=L=

=la=, the, the one; =—— que=, she who, the one that.

=la=, pron., her, it.

=labio=, m., lip.

=laboriosamente=, laboriously.

=laborioso,-a=, diligent, industrious.

=labrador=, m., peasant.

=labrar=, to work, make.

=labriego=, m., farmer.

=lado=, m., side; =a —— de=, beside.

=ladrón=, m., thief.

=lago=, m., lake.

=lágrima=, f., tear.

=lagrimoso,-a=, tearful.

=lamentarse=, to complain.

=lamer=, to lick.

=lana=, f., wool.

=lanar=, woolly; =ganado ——=, sheep.

=lápida=, f., stone.

=lápiz=, m., pencil.

=largo,-a=, long; =de ——=, in length;

=a lo ———=, along.
=las=, them, to them; the ones.
=lástima=, f., pity.
=latín=, Latin.
=latrocinio=, m., robbery.
=lavar=, to wash.
=lazo=, m., bond.
=le=, him, her, you (in connection with =Vd.=).
=lección=, f., lesson.
=lector=, m., reader.
=leche=, f., milk.
=leer=, to read.
=legislativo,-a=, legislative.
=lejano,-a=, distant, remote.
=lejos=, far.
=lengua=, f., tongue; language.
=lentamente=, slowly.
=lento,-a=, slow.
=león=, m., lion.
=León=, m., Leo.
=les=, to them.
=letra=, f., letter (of the alphabet).
=levantar=, to raise, hit up; =—se=, to rise.
=levita=, f., frock coat.
=ley=, f., law.
=leyó=, past abs. of =leer=.
=libertad=, f., liberty.
=libertarse=, to free one's self, become free.
=librar=, to free.
=libre=, free.
=libro=, m., book.
=licencia=, f., release, furlough.
=licenciado=, m., licentiate.
=limbo=, m., limbo.
=limitar=, to bound.
=limpiar=, to clean.
=limpio,-a=, clean.
=lindo,-a=, pretty, fine.
=línea=, f., line.
=lista=, f., list; bill of fare.
=lo=, n. of el, the; =—— que=, what, that; =—— que es a mí=,
as far as I am concerned.
=lobo=, m., wolf.
=loco,-a=, crazy, foolish.
=lograr=, to attain, succeed;—— el objeto, to accomplish one's

purpose.

=longitud=, f., length.

=los=, they, them, you; =—— que=, those who.

=luchar=, to struggle, fight.

=luego=, then; =—— que=, as soon as.

=lugar=, m., place; =en ——=, instead of; =dar ——=, to give rise to.

=lugareño=, m., peasant.

=lúgubre=, dismal.

=lunes=, m., Monday.

=luz=, f., light.

=LL=

=llamar=, to call, knock; =me llamo=, my name is.

=llegada=, f., arrival.

=llegar=, to arrive, reach, come.

=llenar=, to fill.

=lleno,-a=, full.

=llevar=, to carry, bring, take, wear, have about one; =—— a=, to sustain,   support; =—— a cabo=, to carry out; =——se=, to take away.

=llorar=, to weep.

=llover=, to rain.

=lluvia=, f., rain.

=lluvioso,-a=, rainy, wet.

=M=

=madera=, f., wood.

=madre=, f., mother.

=Madrid=, f., Madrid.

=madrileño,-a=, from Madrid.

=madrugar=, to rise early.

=maestro=, m., master, teacher.

=mágico,-a=, magic.

=magistrado=, m., magistrate.

=magnate=, m., magnate.

=magnífico,-a=, magnificent, excellent.

=Magno: Alejandro ——=, Alexander the Great.

=Maguey=, m., agave, a plant from which pulque, a Mexican drink, is made.

=Mahoma=, m., Mahomet, Mohammed.

=maíz=, m., corn, maize.

=majadero=, m., simpleton, fool.

=majestad=, f., majesty.
=majestuosamente=, majestically.
=mal=, adv., badly, ill.
=mal=, m., evil.
=maldito,-a=, confounded, accursed.
=maligno,-a=, malignant, malicious.
=malo,-a=, bad, evil; difficult: =estar ———=, to be sick.
=malsano,-a=, unhealthy.
=Malthus=, m., Malthus.
=malla=, f., mesh.
=mandar=, to order, send.
=manecita, f., little hand.
=manera=, f., manner; =de esta———=, in this way, thus, as follows;
=de ninguna ———=, by no means, not at all.
=manjar=, m., food.
=mano=, f., hand; =venir a las ———s=, to come to blows.
=mantener=, (see =tener=), to maintain, support; =—se firme=,
to stand one's ground.
=mantilla=, f., a characteristic headdress of Spanish women.
=manufactura=, f., manufacture.
=manufacturar=, to manufacture.
=manzana=, f., apple.
=mañana=, adv., to-morrow; =hasta—=, until we meet again.
=mañana=, f., morning; =por la ———=, in the morning;
=todas las ———s=, every morning.
=mapa=, m., map.
=maquinaria=, f., machinery.
=mar=, m., sea.
=maravilla=, f., wonder.
=maravilloso,-a=, wonderful.
=marchante=, m., tradesman.
=marchar=, to march, walk; =—se=, to go away.
=marchito,-a=, withered, faded.
=María=, f., Mary.
=marica=, f., magpie.
=marido=, m., husband.
=marqués=, m., marquis.
=Marta=, f., Martha.
=martes=, m., Tuesday.
=marzo=, m., March.
=mas=, but, however.
=más=, more; =por ——— que=, even if.
=masticar=, to masticate.
=matador=, m., =matador= (chief bullfighter).
=matar=, to kill; =—se=, to kill each other.

=matasiete, m., blusterer.

=mate=, dull, lusterless.

=matemáticas=, f. pl., mathematics.

=Mateo=, m., Matthew.

=materia=, f., matter; =entrar en ———=, to come to the point.

=materno,-a=, on the mother's side, maternal.

=matricularse=, to matriculate.

=matrimonio=, m., marriage.

=Matsuyama=, a city of Japan.

=máxima=, f., maxim, saying.

=máximo,-a=, greatest.

=mayo,= m., May.

=mayor,= greater, greatest; older, oldest; most important, principal;

=——— de edad,= of age.

=me,= dat. and acc. of =yo,= me.

=medio,-a,= half; =las ocho y media,= half past eight.

=medio,= m., means; =por ——— de,= by means of.

=meditar,= to meditate, consider.

=Mediterraneo,-a,= Mediterranean.

=mejicano,-a,= Mexican.

=Méjico,= m., Mexico.

=mejilla,= f., cheek.

=mejor,= better; best.

=melocotón,= m., peach.

=melón,= m., melon.

=memoria,= f., memory; =de ———,= by heart.

=mencionar,= to mention.

=mendigo,= m., beggar.

=menor,= less; least; younger.

=menos,= less; least; =(a) lo ———=, at least.

=mentir, (ie),= to lie.

=menudo: a ———,= often, frequently.

=mercader,= m., merchant.

=mercado,= m., market.

=mercurio,= m., mercury.

=merecer,= (pres. =merezco=), to deserve.

=meridional,= southern.

=mérito,= m., merit, value.

=mes,= m., month.

=mesa,= f., table.

=meseta,= f., plateau, tableland.

=mesón,= m., house.

=mestizo,-a,= of mixed race.

=mestizo,= m., a descendant of a white and an Indian.

=metal,= m., metal.

=meter,= to put, place; =—se,= to put one's self.

=metro,= m., meter.

=mezclar,= to mingle.

=mezquita,= f., mosque.

=mi,= my.

=mí,= acc. of =yo= (after prep.), me.

=miedo,= m., fear; =tener ——,= to be afraid.

=miel,= f., honey.

=miembro,= m., member.

=mienten,= pres. of =mentir.=

=mientes,= f. pl., thoughts.

=mientras,= while, in the meantime; =—— que,= while.

=miércoles,= m., Wednesday.

=Miguel Ángel,= Michelangelo.

=mil,= one thousand.

=militar,= m., soldier.

=millón,= m., million.

=mina,= f., mine.

=mineral,= mineral.

=mínimo,-a=, smallest; least.

=minuto=, m., minute.

=mío,-a=, mine.

=¡mira!= look here!

=mirada=, f., look.

=mirar=, to look, look at; examine.

=misa=, f., mass.

=miserable=, m., wretch.

=Misisipí=, m., Mississippi.

=mismísimo,-a=, the very... himself.

=mismo,-a=, same, very, self; =ahora ——=, even now.

=misterio=, m., mystery.

=misterioso,-a=, mysterious; =hacer el ——=, to put on an air of mystery.

=mitad=, f., middle; half.

=mitigar=, to mitigate, relieve, quench.

=moderado,-a=, moderate, gentle.

=moderno,-a=, modern.

=modo=, m., manner, way.

=mojado,-a=, wet, moist.

=mole=, soft.

=molinero=, m., miller.

=molino=, m., mill.

=momento=, m., moment.

=monarquía=, f., monarchy.

=moneda=, f., coin, money.

=montaña=, f., mountain.
=montar=, to mount, ride.
=monte=, m., mountain.
=Montesa=, f., a village in the province of Valencia, Spain; =orden de ———=, a military order founded in 1317.
=monumental=, monumental.
=monumento=, m., monument.
=morder, (ue)=, to bite.
=moreno,-a=, brown.
=moribundo,-a=, dying.
=morir, (ue)=, p. p. =muerto=), to die; =——se=, to die.
=moro,-a=, Moorish.
=mortaja=, f., shroud.
=mosca=, f., fly.
=mostrar=, (ue), to show.
=mover, (ue)=, to move; =——— de un lado a otro=, to shake; =——se=, to move.
=moza=, f., girl, young woman.
=mozo=, m., young man; waiter; fellow.
=muchacha=, f., girl.
=muchacho=, m., boy.
=muchísimo,-a=, very much, very many.
=mucho,-a=, much, great; many.
=mucho=, adv., much, long.
=mudar=, to change.
=muela=, f., molar (tooth); millstone.
=muelle=, m., pier, wharf.
=muere=, pres. of =morir=.
=muerte=, f., death.
=muerto,-a=, dead, killed; p. p. of morir.
=muestra=, f., sign.
=mueve=, pres. of =mover=.
=mujer=, f., woman, wife.
=multa=, f., fine.
=mundo=, m., world; =todo el ———=, everybody.
=municipal=, municipal; guardia———, policeman.
=muralla=, f., wall.
=muriendo=, pres. part, of =morir=.
=murió=, past abs. of =morir=.
=murmullo=, m., murmur.
=museo=, m., museum.
=músico=, m., musician.
=muy=, very.

=N=

=nacer=, (pres. =nazco=), to be born, spring, take its rise.
=nación=, f., nation.
=nacional=, national.
=nada=, nothing.
=nadar=, to swim.
=naipe=, m., playing card.
=Napoleón=, Napoleon.
=naranja=, f., orange.
=nariz=, f., nose; =en las narices=, face to face.
=natal=, native.
=natural=, natural.
=naufragar=, to sink.
=navaja=, f., razor.
=navegable=, navigable.
=navegar=, to navigate, go boating.
=necesario,-a=, necessary.
=necesidad=, f., necessity, need.
=necesitar, to need.
=necio,-a, ignorant, silly.
=necio, m., ignoramus.
=negociante, m., merchant.
=negocio, m., business, affair, matter.
=negro,-a, black.
=ni, nor; =———...———=, neither... nor.
=Nicaragua, f., Nicaragua.
=nieta, f., granddaughter.
=nieto, m., grandson.
=nieve, f., snow.
=Nilo, m., the Nile.
=ningún, see ninguno.
=ninguno,-a, no, none, no one.
=niña, f., girl; child.
=niño, m., boy; child.
=níquel, m., nickel.
=nitrato, m., nitrate.
=nivel, m., level.
=no, not, no.
=noble=, noble.
=noche=, f., night; =de la ———=, at night.
=nombrar=, to appoint, name.
=nombre=, m., name.
=nordeste=, m., northeast.
=norte=, m., north.
=norteamericano,-a=, North American.

=nos=, acc. =nosotros,= us, to us; ourselves; each other.
=nosotros,-as,= we, us.
=nota=, f., mark; notoriety.
=notablemente,= notably.
=notar=, to notice.
=noticia=, f., news, notice.
=novedad=, f., novelty; =sin ———,= nothing out of the usual; =tener por ———,= to regard as unusual.
=noventa=, ninety.
=novia=, f., fiancee.
=novicio=, m., novice.
=noviembre=, m., November.
=novio=, m., fiancé; =los ———s,= bridal couple, young married couple.
=nube=, f., cloud,
=nuestro,-a,= our.
=nuevamente,= recently, newly, anew, again.
=Nueva York=, New York,
=nueve=, nine.
=nuevo,-a,= new; =de ———,= again,
=número,= m., number.
=numeroso,-a,= numerous.
=nunca=, never; ever.

=O=

=o,= or.
=¡o!= oh!
=Oaxaca,= f., a province of Mexico.
=obediencia,= f., obedience.
=obediente=, obedient.
=obertura=, f., overture.
=obispo=, m., bishop.
=objeto=, m., object, utensil.
=obligar=, to oblige.
=obra=, f., work.
=obrero=, m., workingman.
=obrero,-a,= working.
=obscurecerse=, to become dim.
=observar=, to observe, notice.
=obstáculo,= m., obstacle.
=obstante: no ———,= notwithstanding.
=obstruir=, (pres. =obstruyo=), to obstruct.
=obtener=, (see =tener=), to obtain, get.
=obtiene=, pres. of =obtener=.

=obtuvo=, past abs. of =obtener=.
=ocasión,= f., opportunity, occasion.
=occidental=, western.
=Oceanía=, f., Oceanica.
=océano,= m., ocean.
=ocio=, m., ease, idleness.
=octubre=, m., October.
=ocultar=, to hide.
=oculto,-a,= hidden.
=ocupación,= f., occupation.
=ocupado,-a,= busy.
=ocupar=, to occupy.
=ocurrir=, to occur.
=ochenta=, eighty.
=ocho=, eight.
=oeste=, m., west.
=oficialmente=, officially.
=oficina=, f., office.
=oficio=, m., trade.
=oficioso, -a=, officious.
=ofrecer=, (pres. =ofrezco=), to offer.
=¡oh!= oh!
=oído=, m., ear; hearing.
=oído=, p.p. of =oír=.
=oigo=, pres. of =oír=.
=oír=, (pres. =oigo=), to hear, listen.
=¡ojalá!= would that!
=ojo=, m., eye.
=¡ola!= hello!
=oliva=, f., olive.
=olvidar(se)=, to forget.
=once=, eleven.
=ópera=, f., opera.
=operación=, f., operation.
=opereta=, f., operetta.
=opinar=, to think.
=oportuno, -a=, opportune.
=oprimir=, to oppress, press.
=orar=, to pray.
=orden=, f., order, command.
=ordenar=, to order.
=ordinario, -a=, ordinary, common.
=oreja=, f., ear.
=organizar=, to organize.
=órgano=, m., organ.

=orgulloso, -a=, proud.
=Oriente=, m., Orient.
=oro=, m., gold.
=orquesta=, f., orchestra.
=ortografía=, f., orthography.
=os=, dat. and acc. of =vosotros=, you.
=osar=, to dare.
=oscuro, -a=, obscure, dark.
=otoñal=, autumnal.
=otoño=, m., autumn.
=otro, -a=, other, another; =otra vez=, once more; =el uno
con el ———=, with one another.
=oveja=, f., sheep.
=¡ox!= shoo!
=oxear=, to shoo.
=oyendo=, pres. part. of =oír=.
=oyó=, past abs. of =oír=.

=P=

=Pablo=, m., Paul.
=paciencia=, f., patience.
=Pacífico=, m., Pacific.
=padecer=, (pres. =padezco=), to suffer.
=padre=, m., father; =los ———s,= parents.
=paga=, f., pay.
=pagar=, to pay, pay for.
=página=, f., page.
=país=, m., country, land.
=paja=, f., straw.
=pájaro=, m., bird.
=paje=, m., page.
=palabra=, f., word.
=palacio=, m., palace.
=paladión=, m., palladium.
=palco=, m., box.
=palidecer=, (pres. =palidezco=), to become pale.
=pálido, -a=, pale; =ponerse ———=, to turn pale.
=palma=, f., palm; =——— de coco=, coconut palm.
=palmada=, f., clapping of hands; =dar ———s,= to clap one's hands.
=palo=, m., stick, pole, log; =——— de rosa=, rosewood.
=pampa=, f., an extensive plain, pampas (of South America).
=panadería=, f., bakery.
=panadero=, m., baker.
=panal=, m., honeycomb.

=Panamá=, f., Panama.
=Paolo=, Ital., Paul.
=papagayo=, m., parrot.
=papanatas=, m., simpleton, fool.
=papel=, m., paper.
=par=, adj., similar, like.
=par=, m., pair, couple; =a ——es=, in pairs;
=de —— en ——=, wide, =para=, for, to, in order to;
=—— que=, in order that, so that.
=parábola=, f., parabola; parable.
=Paraguay=, m., Paraguay.
=pararse=, to stop.
=pardo, -a=, dark, brown.
=parecer=, (pres. =parezco=), to appear, seem;
=—se=, to resemble.
=pared=, f., wall.
=pareja=, f., pair; mate.
=París=, m., Paris.
=parlero, -a=, talkative, gossiping.
=parque=, m., park.
=parroquiano=, m., customer.
=parte=, f., part; =dar ——,= to inform; =por todas ——s=,
everywhere.
=particularmente=, particularly.
=partida=, f., part.
=partir=, to depart; separate, part, divide.
=pasajero, -a=, passing, fleeting.
=pasaporte=, m., passport.
=pasar=, to pass, go by, go beyond; happen, spend;
=—— adentro=, to come in;
=—— por agua=, to boil;
=—— por alto=, to pass over in silence;
=—se=, to take place.
=pascua=, f., Easter; =más contento que unas ——s=, as
merry as a lark.
=pasearse=, to take a walk.
=paseo=, m., pleasure walk, walk.
=pasión=, f., passion.
=pasmado, -a=, astonished, dumbfounded.
=pasmo=, m., surprise.
=paso=, m., step, passage; =dar un ——=, to take a
step; =ir de ——=, to slip through.
=pasto=, m., pasture.
=pastora=, f., shepherdess.
=pata=, f., leg.

=patata=, f., potato.
=paterno,-a=, on the father's side, paternal.
=patinar=, to skate.
=patria=, f., country, native land.
=paz=, f., peace.
=pecado=, m., sin.
=pecho=, m., breast.
=pedazo=, m., bit, piece; =hacer —— s=, to smash to pieces.
=pedir, (i)=, to ask, demand, request.
=pegar=, to whip.
=peligro=, m., danger.
=pelota=, f., ball.
=pelotera=, f., quarrel.
=pena=, f., pain, trouble; =no vale la ——=, it is not
worth while.
=penitencia=, f., penance.
=penoso,-a=, painful.
=pensamiento=, m., thought.
=pensar, (ie),= to think; =—— en=, to think of.
=Pensilvania=, f., Pennsylvania.
=Peñafiel=, a city in the province of Valladolid, Spain.
=peor=, worse; worst.
=pequeñita=, f., little girl.
=pequeño,-a=, small, little; short.
=pera=, f., pear.
=peral=, m., pear tree.
=perder, (ie)=, to lose.
=perdido,-a=, lost, dead.
=perdón=, m., pardon, forgiveness.
=perdonar=, to pardon, forgive.
=peregrinación=, f., journey.
=peregrino,-a=, foreign, strange.
=pereza=, f., idleness, laziness.
=perezoso,-a=, idle, lazy.
=perfección=, f., perfection, excellence.
=perfumista=, m., perfumer.
=perla=, f., pearl.
=permitir=, to permit, allow.
=pero=, but.
=perro=, m., dog.
=perseverar=, to persevere.
=persona=, f., person.
=pertenecer=, (pres. =pertenezco=), to belong.
=pesado,-a=, heavy.
=pesar=, to weigh; =a —— de=, in spite of.

=pescador=, m., fisherman.
=pescar=, to fish.
=peseta=, f., a Spanish coin worth about 18 cents.
=petate=, m., fool, simpleton.
=petróleo=, m., petroleum, kerosene.
=pez=, m., fish.
=pez=, f., pitch, tar.
=piadoso,-a=, pious.
=picar=, to sting, prick; tickle.
=pícaro,-a=, wretched, rascally.
=pícaro=, m., rascal.
=pico=, m., beak;
=callar el ——— =, to hold one's tongue.
=pide=, pres. of =pedir=.
=pidió=, past abs. of =pedir=.
=pie=, m., foot; =a ———=, on foot.
=piedad=, f., piety, pity.
=piedra=, f., stone.
=piel=, f., skin.
=pierden=, pres. of =perder=.
=pierna=, f., leg.
=pieza=, f., coin; room.
=Pinar del Río=, a province of Cuba.
=pingüe=, fat, good, fertile.
=pintor=, m., painter.
=piña=, f., pineapple.
=pisada=, f., footstep.
=piso=, m., floor; =——— bajo=, ground floor.
=pizarra=, f., slate; blackboard.
=placer=, m., pleasure.
=plan=, m., plan.
=planicie=, f., plain.
=plano,-a=, flat.
=planta=, f., plant; sole (of the foot).
=plata=, f., silver.
=plataforma=, f., platform.
=plátano=, m., plantain tree.
=platino=, m., platinum.
=plato=, m., plate, dish.
=playa=, f., seashore.
=plaza=, f., square.
=plebe=, f., common people, rabble.
=plomizo,-a=, lead-colored.
=plomo=, m., lead.
=pluma=, f., feather; pen; =——— fuente=, fountain pen.

=población=, f., population, people.

=poblado,-a=, populous, inhabited.

=pobre=, poor.

=pobremente=, poorly.

=poco,-a=, indef. pron., little; =——s=, few;
=a ——,= shortly afterwards; =—— a ——=, little by little.

=poder=, m., power.

=poder=, (pres. =puedo=, past abs. =pude=), can,
to be able; may.

=poderoso,-a=, powerful, strong.

=podría=, cond. of =poder=.

=poeta=, m., poet.

=policiaco,-a=, relating to the police.

=pompa=, f., pomp, solemnity.

=pomposamente=, pompously, splendidly.

=ponderar=, to ponder, consider, weigh.

=poner, (pongo, pondré, puse, puesto)=, to put, place, lay;
=——se=, to become; put on (clothes); set (of the sun);
=—— a=, to begin.

=pongamos=, pres. subj. of =poner=.

=ponte=, imper. of ponerse.

=Popocatepetl=, a mountain of Mexico.

=popular=, popular.

=por=, by, through, for, as, along, over, for the sake of, on
account of; =—— la= noche, at night.

=porfía=, f., contest; =a ——=, vying with one another.

=porque=, because.

=¿porqué?= or =¿por qué?= why?

=portal=, m., portal.

=portería=, f., main gate.

=portero=, m., janitor, doorkeeper.

=Portugal=, m., Portugal.

=posada=, f., inn.

=posadero=, m., innkeeper.

=poseer=, to possess, own.

=posesión=, f., possession.

=posible=, possible.

=precedente=, m., precedent; preëminence, preference.

=precepto=, m., precept, command.

=precio=, m., price.

=precioso,-a=, precious, valuable.

=precipitadamente=, hastily, in a hurry.

=precipitarse=, to rush down.

=precisamente=, precisely, just.

=preciso,-a=, necessary.

=predicar=, to preach.
=preferir=, to prefer,
=prefiere=, pres. of preferir.
=pregunta=, f., question.
=preguntar=, to ask, question.
=preludio=, m., prelude.
=prender=, (p.p. =preso=), to seize, grasp; =—se=, to catch fire.
=prensa=, f., press.
=preparación=, f., preparation,
=preparar=, to prepare.
=presa=, f., booty.
=presencia=, f., presence.
=presenciar=, to witness.
=presentar=, to present; =—se=, to appear, be presented.
=presente=, m., present, gift; =al ——=, at present, now.
=presidente=, m., president.
=preso,-a=, taken, seized; p.p. of =prender=.
=prestar=, to lend; =—— atención=, to pay attention.
=presumir=, to boast.
=pretender=, to pretend.
=prevenido=, p.p. of =prevenir=.
=prevenir=, (see =venir=), to warn, caution.
=prima=, f., cousin.
=primavera=, f., spring.
=primer=, see =primero=, adj.
=primero,-a=, first, foremost.
=primero=, adv., at first, first.
=primo=, m., cousin.
=primor=, m., perfection, masterpiece.
=princesa=, f., princess.
=principal=, chief, principal.
=principalmente=, chiefly, principally.
=príncipe=, m., prince.
=principiar=, to begin.
=principio=, m., beginning; =al ——=, at first.
=prisa=, f., haste, hurry; =de ——=, quickly.
=prisión=, f., prison, imprisonment.
=prisionero,-a=, m. and f., prisoner.
=privación=, f., privation.
=probar, (ue)=, to try, prove.
=proclamar=, to proclaim.
=procurar=, to try.
=prodigioso,-a=, prodigious, wonderful.
=producción=, f., production, performance.
=producir=, (pres. =produzco=, past abs. =produje=),

to produce, yield, cause.
=producto=, m., product.
=productor,-ra=, productive.
=profanar=, to profane, desecrate.
=profano,-a=, profane, irreverent.
=profesor=, m., professor.
=profeta=, m., prophet.
=profundidad=, f., depth.
=profundo,-a=, deep, profound.
=programa=, m., program.
=progresista=, progressive.
=promesa=, f., promise.
=prometer=, to promise.
=prometida=, f., promised bride.
=pronto,-a=, quick.
=pronto=, adv., quickly, soon.
=pronunciación=, f., pronunciation.
=pronunciar=, to pronounce; declare, mention.
=propina=, f., fee, tip.
=propio,-a=, own.
=proponer=, (see =poner=), to propose; =—se=, to resolve.
=propongo=, pres. of =proponer=.
=proporcionar=, to cause.
=propósito=, m., purpose.
=propuso=, past abs. of =proponer=.
=proseguir, (i)=, to continue.
=prosiguiendo=, pres. part. of =proseguir=.
=prosiguió=, past abs. of =proseguir=.
=proteger=, to protect.
=protervo,-a=, insolent, obstinate.
=protesta=, f., protest.
=protestar=, to protest, object.
=provenir=, (see =venir=), to come from, be derived from.
=proverbio=, m., proverb.
=proviene=, pres. of =provenir=.
=provincia=, f., province.
=provisto,-a=, provided.
=próximo,-a=, next.
=proyectar=, to plan, project.
=proyecto=, m., project.
=prudente=, prudent.
=prueba=, f., proof, test.
=publicar=, to publish, proclaim.
=público,-a=, public.
=público=, m., public.

=pudiese=, past subj., second form, of =poder=.
=pudo=, past abs. of =poder=.
=pueblo=, m., village, people.
=puede=, pres. of =poder=.
=puerta=, f., door, gate.
=puerto=, m., harbor, port.
=pues=, since, so then, therefore; =—— bien=, very well, all right.
=puesto=, m., post, position.
=puesto=, p.p. of =poner=.
=pulgar=, m., thumb.
=pulido,-a=, polished.
=pulmón=, m., lung.
=pulque=, m., a drink prepared from the maguey.
=punto=, m., point.
=puro,-a=, pure, clear,
=purpúreo,-a=, purple,
=puso=, past abs. of =poner=.

=Q=

=que=, conj., that, in order that; as, since, when; than;
=a ——=, until;
=con ——=, therefore, then;
=de ——=, that;
=——= with subj., let, may.
=que=, rel. pron., who, which, what; that; =lo ——=, what.
=¿qué?= inter. pron., which? what?
=quebrar, (ie)=, to break.
=quedar=, to remain, be; =—se=, to remain, stand.
=quehacer=, m., occupation, work.
=queja=, f., complaint.
=quejarse=, to complain.
=quemar=, to burn.
=querer, (quiero, querré, quise, querido)=, to wish, desire; will.
=querido,-a=, beloved, dear.
=quetzale=, m., quetzal, a large bird of Guatemala.
=quien=, rel. pron., who, which, the one who.
=¿quién?= inter. pron., who? which?
=quiere=, pres. of =querer=.
=química=, f., chemistry.
=quina=, f., cinchona.
=quince=, fifteen.
=quinientos=, five hundred.
=quinta=, f., conscription, levy.
=quinto=, m., one-fifth, fifth.

=quisiera=, past subj., first form, of =querer=.
=quiso=, past abs. of =querer=.
=quitar(se)=, to take away, take out, take off.

=R=

=rama=, f., branch (of a tree).
=ramal=, m., branch, arm (of a river).
=Ramón=, m., Raymond.
=rana=, f., frog.
=rancho=, m., ranch.
=rápidamente=, rapidly.
=rápido,-a=, rapid, fast.
=raro,-a=, rare.
=rasgar=, to scratch.
=rastro=, m., slaughter house.
=rato=, m., time, while.
=rayo=, m., ray.
=razón=, f., reason; =tener ——=, to be right.
=real=, adj., royal.
=real=, m., a Spanish coin worth about five cents.
=realce=, m., fine work.
=rebelarse=, to rebel.
=rebelión=, f., rebellion.
=recelar=, to distrust; =——se de=, to distrust.
=recibimiento=, m., reception.
=recibir=, to receive.
=recién=, recently; =—— nacido=, new-born.
=recientemente=, recently.
=reclamar=, to claim.
=recobrar=, to recover.
=recoger=, to gather, pick up.
=recoleto=, m., convent.
=recomendación=, f., recommendation.
=recomendar=, to recommend.
=reconocer=, (pres. =reconozco=), to recognize; look over, sound.
=reconozcan=, pres. subj. of =reconocer=.
=recordar, (ue)=, to remember, recall.
=recostado,-a=, reclining.
=recrearse=, to amuse one's self.
=recreo=, m., recreation.
=recto,-a=, straight.
=recuerdo=, m., remembrance; =——s=, kind regards.
=recuerdo=, pres. of =recordar=.
=recurrir=, to have recourse to.

=recurso=, m., recourse; pl., resources.
=rechazar=, to refuse.
=red=, f., net.
=redoblado,-a=, double-quick.
=redondel=, m., disk.
=reducir=, (pres. =reduzco=), to reduce, confine.
=referir, (ie)=, to relate, tell.
=refirió=, past abs. of =referir=.
=reflejar=, to reflect.
=reflexión=, f., reflection.
=reflexionar=, to reflect, consider.
=reflexivo,-a=, reflective, thoughtful.
=refrán=, m., proverb, saying.
=refrenar=, to rein in, stop.
=refrescarse=, to recuperate, gain new strength.
=regalarse=, to treat one's self.
=regalo=, m., present.
=región=, f., region, district.
=regresar=, to return.
=regreso=, m., return.
=regular=, regular, ordinary.
=rehusar=, to refuse.
=reino=, m., kingdom.
=reír, (i)=, to laugh.
=relacionarse (con)=, to be connected (with).
=relatar=, to relate, tell.
=relativo,-a=, relative.
=relevar=, to relieve.
=reloj=, m., watch; clock.
=reluciente=, shining, bright.
=relucir=, (pres. =reluzco=), to shine, glitter.
=relleno,-a=, stuffed.
=remar=, to row.
=rematar=, to finish, complete.
=remediar=, to remedy.
=remendar, (ie)=, to mend, repair.
=remontar(se)=, to mount upwards; rise, soar.
=remover, (ue)=, to remove.
=renglón=, m., line.
=renovar=, to renew.
=renunciar=, to renounce.
=reparación=, f., repair.
=reparar=, to look at carefully, notice.
=reparto=, pl. =-i=, m., distribution of rôles.
=repente: de ——=, suddenly.

=repetir, (i)=, to repeat; =—se=, to repeat.
=repicar=, to sound, ring, toll.
=repite=, pres. of =repetir=.
=repitiendo=, pres. part. of =repetir=.
=repitieron=, past abs. of =repetir=.
=replicar=, to reply.
=reposar=, to repose, rest.
=reposo=, m., repose, rest.
=repostero=, m., pastry cook.
=representación=, f., representation, performance.
=representar=, to represent, perform; =—se=, to be performed.
=reprimir=, to repress, subdue.
=reprise=, French, revival.
=república=, f., republic.
=repuso=, past abs. of =reponer=, he replied (used in
this sense only in this tense).
=res=, f., cattle.
=residencia=, f., residence.
=resignado,-a=, resigned.
=resina=, f., resin.
=resistir=, to resist, endure.
=resolución=, f., resolution.
=resolver=, (=ue=, p.p. =resuelto=), to resolve.
=respirar=, to breathe.
=responder=, to respond, reply, answer.
=responsabilidad=, f., responsibility.
=respuesta=, f., reply, answer.
=restar=, to remain.
=resto=, m., rest, remainder.
=resulta=, f., result; =de ——s=, as a consequence of.
=resultar=, to result.
=retemblar, (ie)=, to tremble.
=retiemble=, pres. subj. of =retemblar=.
=retrato=, m., picture, likeness.
=reunirse=, to join; reunite, meet again.
=reverencia=, f., reverence, bow.
=revisar=, to examine.
=revolotear=, to circle about, fly about.
=revolución=, f., revolution.
=revolver=, (=ue=, p.p. =revuelto=), to turn around.
=revuelto,-a=, rolled up.
=revuelve=, pres. of =revolver=.
=rey=, m., king.
=ría=, pres. subj. of =reír=.
=Ricardo=, m., Richard.

=ricazo,-a=, very rich.
=rico,-a=, rich.
=ricuelo,-a=, rich.
=ridículo,-a=, ridiculous.
=riendo=, pres. part. of =reír=.
=río=, m., river.
=Río Janeiro=, capital of Brazil.
=riqueza=, f., wealth.
=risueño,-a=, smiling.
=robar=, to rob, steal, carry off.
=rodear=, to surround.
=rodilla=, f., knee.
=Rodolfo=, m., Rudolph.
=rogar, (ue)=, to pray.
=rojo,-a=, red.
=Roma=, Rome.
=romano,-a=, Roman.
=romper=, to break.
=ronco,-a=, rough, hoarse, gruff.
=ropa=, f., clothes.
=rosa=, f., rose; =palo de ———=, rosewood.
=rostro=, m., face.
=rubio,-a=, blond.
=rubor=, f., blush.
=ruego=, pres. of =rogar=.
=rugido=, m., roar, roaring.
=rugir=, to roar.
=ruido=, m., noise, sound.
=ruina=, f., ruin.
=ruso,-a=, Russian.
=rústico,-a=, rustic, boorish.

=S=

=sábado=, m., Saturday.
=saber=,(=sé, sabré, supe, sabido=, pres. subj. =sepa=),
to know, learn, be able to.
=sabido,-a=, well-known.
=sabio,-a=, wise.
=sabroso,-a=, tasty.
=sacar=, to take out, draw out; rouse.
=sacrificar=, to sacrifice.
=sacrifiqué=, past abs. of =sacrificar=.
=saeta=, f., arrow.
=sagrado,-a=, sacred; =La Sagrada Escritura=, Holy Writ.

=Said-Bajá=, viceroy of Egypt (1854-1863).

=sala=, f., hall, room.

=Salamanca=, f., city and province in western Spain.

=salgo=, pres. of =salir=.

=salida=, f., boundary; =——— de toros=, entrance of the bulls.

=salir=, (=salgo, saldré, salí, salido=), to go out, come out, turn out, get out; rise (of the sun).

=salitre=, m., saltpeter.

=salón=, m., large hall; =——— de trono=, throne hall.

=saltar=, to jump; blow up, explode.

=salto=, m., jump, leap; =dar un ———=, to jump, leap.

=salud=, f., health.

=saludar=, to greet, salute.

=saludo=, m., salutation.

=salvación=, f., salvation, rescue.

=salvo,-a=, safe.

=san=, shortened form of =santo=.

=sanar=, to heal, recover, get well.

=Sancha=, f., Sancha (proper name).

=San Francisco (de Asís)=, St. Francis, founder of a religious order.

=sangre=, f., blood.

=sanguijuela=, f., leech.

=San Ignacio de Loyola=, founder of the Jesuit order.

=sano,-a=, healthy, well, sound.

=santo,-a=, holy.

=santo,-a=, m. and f., saint.

=saqué=, past abs. of =sacar=.

=sardina=, f., sardine; =entierro de la ———=, a Spanish festival, like the French mi-carême, celebrating the end of Lent.

=sastre=, m., tailor.

=satisfacción=, f., satisfaction.

=satisfacer, (-fago,-faré,-fice,-fecho)=, to satisfy.

=satisfecho=, p.p. of =satisfacer.=

=se=, refl. pron., himself, herself, itself, yourself; themselves; one another.

=se=, pers. pron. == le= (when followed by another pers. pron. of 3 pers.).

=sé=, pres. of =saber=.

=sea=, pres. subj. of =ser=.

=sebo=, m., tallow.

=secar=, to dry.

=sección=, f., section.

=seco,-a=, dry.

=secretario=, m., secretary.

=secreto=, m., secret.

=sed=, f., thirst; =tener ———=, to be thirsty.

=seguida: en———=, immediately.

=seguir, (i)=, to follow, continue; increase.

=según=, according to, as.

=segundo,-a=, second.

=seguro,-a=, sure, steady, certain.

=seis=, six.

=selecto,-a=, select.

=selva=, f., forest.

=semana=, f., week.

=semejante=, similar, like; such.

=senador=, m., senator.

=sencilla=, f., one-act play.

=sencillez=, f., simplicity.

=sencillo,-a=, simple.

=sentarse, (ie)=, to sit down, seat one's self.

=sentido=, m., sense.

=sentimiento=, m., regret.

=sentir, (ie)=, to feel; =——se=, to feel.

=señor=, m., gentleman, sir, master, lord; Mr.

=señora=, f., lady, wife, madam; Mrs.

=señoría=, f., lordship, excellency.

=señorita=, f., young lady; Miss.

=sepa=, pres. subj. of =saber=.

=separar=, to separate.

=separémonos = separemos nos=.

=septiembre=, m., September.

=sepulcral=, sepulchral; =lápida ———=, tombstone.

=ser, (soy, seré, fuí, sido=, past descr. =era=, pres. subj. =sea)=, to be; =por no ———=, had it not been.

=serie=, f., series, list.

=serio,-a=, serious.

=sermón=, m., sermon.

=servicio=, m., service.

=servil=, servile.

=servir, (ie)=, to serve;
=——— de algo=, to be good for something;
=——— de nada=, to be good for nothing.

=sesenta=, sixty.

=si=, conj., if, whether.

=sí=, adv., yes, indeed.

=sí=, refl. pron., himself, herself, itself; themselves (after a prep.).

=sido=, p.p. of =ser=.

=siempre=, always; =para ———=, for ever.

=sien=, f., temple (of the face).

=siendo=, pres. part. of =ser=.

=sienta=, pres. of =sentar=.

=sienten=, pres. of =sentir=.

=siete=, seven.

=Sigfredo=, m., Siegfried.

=siglo=, m., century.

=significado=, m., meaning.

=significar=, to signify, mean.

=sigue=, pres. of =seguir=.

=siguiente=, following, next.

=siguieron=, past abs. of =seguir=.

=silencio=, m., silence.

=silvestre=, wild, woody.

=silla=, f., chair.

=sillón=, m., armchair.

=simple=, simple, plain.

=sin=, without.

=sinfónico,-a=, symphonic, symphony.

=siniestro,-a=, sinister.

=sino=, except, but; =no tenía sino una pierna=, had only one leg.

=sintiendo=, pres. part. of =sentir=.

=siquiera=, even; =ni ——=, not even.

=sirven=, pres. of =servir=.

=sirviente=, m., servant.

=sirvió=, past abs. of =servir=.

=sitio=, m., place.

=situación=, f., situation, location.

=situado,-a=, located, situated.

=soberano,-a=, sovereign.

=soberbio,-a=, proud.

=sobrado,-a=, excessive.

=sobre=, above, on, upon, over; about, concerning.

=sobremesa=, f., dessert.

=sobresalto=, m., violent shock.

=sobretodo=, m., overcoat.

=sobrevenir=, (see =venir=), to come.

=sobrevino=, past abs. of =sobrevenir=.

=sobrina=, f., niece.

=sobrino=, m., nephew.

=socavar=, to dig.

=sofocón=, m., box (on the ear).

=sois,= pres. indic. 2 pers. pl. of =ser=.

=sol=, m., sun.

=solamente=, only.

=soldado=, m., soldier.
=solejar,= m., sunny place.
=solemne=, solemn.
=solemnidad=, f., solemnity.
=soler, (ue)=, to be accustomed, be in the habit.
=solicitar=, to solicit, ask, request.
=solícito,-a=, solicitous, anxious.
=solimán=, m., corrosive sublimate of mercury; =hecho
un ———=, angry, furious, hopping mad.
=solo,-a=, alone, only, mere, single.
=sólo=, adv., only, merely.
=soltar, (ue)=, to let loose; =——— la carcajada=,
to burst into loud laughter.
=soltero,-a=, unmarried, bachelor.
=sombra=, f., shade.
=sombrero=, m., hat.
=son=, pres. indic. 3 pers. pl. of =ser=.
=sonar, (ue)=, to sound, ring, chink.
=sonido=, m., sound.
=sonoro,-a=, sonorous.
=sonreír, (i)=, to smile.
=sonriendo=, pres. part. of =sonreír=.
=sonrisa=, f., smile.
=sopa=, f., soup.
=soplar=, to blow; prompt.
=sorbete=, m., sherbet.
=sorprendente=, rare, extraordinary.
=sorprendido,-a=, surprised.
=sorpresa=, f., surprise.
=sospechar=, to suspect.
=sostener=, (see =tener=), to sustain, keep up.
=sótano=, m., basement.
=soy=, pres. of =ser=.
=Sr. = Señor=.
=SS. MM. y AA. = Sus Majestades y Altezas=.
=su=, his, her, its; their; yours.
=subida=, f., elevation, ascent.
=subir=, to rise, go upstairs.
=suceder=, to happen.
=suceso=, m., event, happening.
=sucio,-a=, dirty.
=sudeste=, southeast.
=suela=, pres. subj. of =soler=.
=suela=, f., sole.
=suelo=, m., ground, floor; soil.

=suena=, pres. of =sonar=.
=suerte=, f., luck, fate; manner.
=Suez=, Suez.
=suficiente=, sufficient, enough.
=sufrir=, to suffer.
=Suiza (la)=, Switzerland.
=sujeto=, m., subject; fellow.
=sultán=, m., sultan.
=suma=, f., sum.
=sumo,-a=, supreme, utmost.
=suntuoso,-a=, sumptuous.
=superficie=, f., surface.
=superior=, superior, upper; =escuela ———=, high school.
=superioridad=, f., superiority.
=supo=, past abs. of =saber=, he learned, was informed.
=suponer=, to suppose.
=supongamos=, pres. subj. of =suponer=.
=sur=, m., south.
=surtir=, to provide with, procure.
=susto=, m., fright, scare.
=susurrar=, to hum, buzz.
=suyo,-a=, your, yours.

=T=

=tabaco=, m., tobacco; cigar.
=tabardillo=, m., fever.
=taimado,-a=, sly, cunning, shrewd.
=tajada=, f., cut.
=tal=, such, so, as; =———vez=, perhaps; =¿qué ———?= how are you?
=talle=, m., figure.
=también=, also, likewise.
=Tamburí=, m., Tamburí (proper name).
=tampoco=, neither.
=tan=, so; =——— ... como=, as... as.
=tanto,-a=, so much;
=——s=, so many;
=otros ———s=, as many others;
=mientras ———=, in the meantime;
=por lo ———=, therefore.
=tanto=, adv., so much.
=tarde=, adv., late.
=tarde=, f., afternoon; early evening;
=por la ———=, in the afternoon;

=buenas ——s=, good evening.
=tauromaquia=, f., art of bullfighting.
=te=, dat. and acc. of =tú=, you, yourself.
=té=, m., tea.
=teatro=, m., theater.
=techo=, m., ceiling.
=tedioso,-a=, tedious, tiresome.
=tejado=, m., roof.
=tejedor=, m., weaver.
=temblar, (ie)=, to tremble.
=temer=, to fear; =——se=, to be afraid.
=temor=, m., fear.
=templado,-a=, temperate.
=templo=, m., temple.
=temprano,-a=, early.
=tendrán=, fut. of =tener=.
=tenedor=, m., fork.
=tener, (tengo, tendré, tuve, tenido=, imper. =ten=),
to have, enjoy, take;
=—— que=, must, to have to;
=—— frío=, to be cold;
=—— por=, to consider, regard;
=tiene diez años=, he is ten years old.
=tenga=, pres. subj. of =tener=.
=tengo=, pres. of =tener=.
=tenis=, m., tennis.
=tentación=, f., temptation.
=tentar=, to try.
=tercer=, see =tercero=.
=tercero,-a=, third.
=terminar=, to end, close, terminate, finish.
=término=, m., word, expression.
=terreno=, m., territory.
=terrible=, terrible.
=terrífico,-a=, terrific, terrible, terrifying.
=territorio=, m., territory, land.
=tesoro=, m., treasure.
=testarudo,-a=, obstinate.
=ti=, acc. of =tú= (after a prep.), you.
=tía=, f., aunt.
=tiembla=, pres. of =temblar=.
=tiempo=, m., time; weather; =hace ——=, some time ago.
=tienda=, f., store, shop.
=tiene=, pres. of =tener=.
=tierno,-a=, tender.

=tierra=, f., earth, land, district; native country.

=tinta=, f., ink.

=tintero=, m., inkstand.

=tinto,-a=, colored, dyed.

=tío=, m., uncle.

=tirano=, m., tyrant.

=tirar=, to draw; throw; last.

=tirón=, m., thrust; =de un ———=, all at once, suddenly.

=título=, m., title.

=tiza=, f., chalk.

=tocar=, to touch; play (an instrument); ring; =te toca=, it falls
to your lot; =toca las ocho=, it strikes eight.

=todavía=, still, yet.

=todo,-a=, all, whole; each, every; everything; =con ———=,
after all; =del ———=, completely.

=Toisón=, f.: =la orden de la ———=, Order of the Golden
Fleece.

=Toledo=, m., a large city in western Spain.

=¡toma!= hold on! stop a moment!

=tomar=, to take, eat; =—se=, to betake one's self.

=tomate=, m., tomato.

=tonelada=, f., ton.

=tonelaje=, m., tonnage.

=tontería=, f., folly, stupidity; nonsense.

=tonto,-a=, foolish, silly, stupid.

=tonto=, m., fool, simpleton.

=topar (con)=, to meet.

=tordo=, m., thrush.

=toro=, m., bull; =corrida de ———s=, bullfight.

=tórrido,-a=, torrid, hot.

=torta=, f., cake.

=tortilla=, f., pancake with eggs; omelet.

=total=, total.

=trabajar=, to work.

=trabajo=, m., work.

=trabar=, to join, connect; =——— conversación=, to enter into a
conversation.

=traducción=, f., translation.

=traducir=, (pres. =traduzco=, past abs.
=traduje=), to translate.

=traduzca=, pres. subj. of =traducir=.

=traer, (traigo, traeré, traje, traído)=, to bring, carry, draw, pull.

=tráfico=, m., traffic.

=tragar=, to swallow.

=traiga=, pres. subj. of =traer=.

=traje=, m., dress, suit.
=trajeron=, past abs. of =traer=.
=trajo=, past abs. of =traer=.
=tramo=, m., flight (of stairs).
=tranquilo,-a=, tranquil, calm, quiet.
=tras=, behind.
=trasunto=, m., copy, likeness.
=tratamiento=, m., treatment.
=tratar=, to treat, discuss; try, bargain, have dealings with.
=trato=, m., treatment.
=través: a ——=, across.
=trazar=, to trace, sketch, draw.
=trecho=, m., space, distance.
=treinta=, thirty.
=tremendo,-a=, tremendous, very great.
=trémulo,-a=, tremulous, trembling.
=tren=, m, train.
=tres=, three.
=trescientos=, three hundred.
=trigo=, m, grain, wheat.
=trineo=, m, sled.
=triplicar=, to treble.
=triste=, sad.
=tronco=, m, trunk.
=trono=, m., throne.
=tropezar (con), (ie)=, to meet, come across.
=tropical=, tropical.
=troupe=, French, company of players.
=trucha=, f., trout.
=trueno=, m., thunder.
=tu=, poss. adj., your.
=tú=, pers. pron., you.
=tuerto,-a=, one-eyed, squinting.
=tumba=, f., gravestone.
=tunante=, m., vagabond, rascal.
=turco,-a=, Turkish, Turk.
=turno=, m., turn, series.
=tuvo=, past abs. of =tener=.
=tuyo,-a=, yours.

=U=

=ufano,-a=, proud.
=último,-a=, last; =por ——=, at last, finally.
=umbral=, m., sill, doorstep.

=un,-a=, a, an, one.

=ungüento=, m., ointment, salve.

=único,-a=, only.

=unido,-a=, united; =los Estados Unidos=, the United States.

=universidad=, f., university.

=uno,-a=, one; =—s=, some, a pair; as indef. pron., one, they, people.

=Uruguay=, m., Uruguay.

=usar=, to use, practice, make use of.

=uso=, m., use, custom, fashion.

=usted=, (see =V=.), you.

=usurero=, m., usurer.

=útil=, useful.

=utilizar=, to use, utilize, put to use.

=uva=, f., grape.

=V=

=V., Vd., Vmd=. (abbreviation for =vuestra merced)=, pl. =VV., Vds.=, you; =de V.=, your.

=va=, pres. of =ir=.

=vaca=, f., cow.

=vacío,-a=, empty.

=vacuno,-a=, relating to cattle, bovine.

=valer=, (pres. =valgo=, fut. =valdré=), to be worth; =vale más=, it is better; =no vale la pena=, it is not worth while.

=valiente=, brave, courageous.

=valioso,-a=, precious, valuable.

=valor=, m., value, courage.

=Valparaíso=, m., an important seaport of Chile.

=valle=, m., valley.

=vamos=, pres. of =ir=; =—— a ver=, let us see.

=vanidad=, f., vanity.

=vano,-a=, vain.

=variedad=, f., variety.

=varieté=, French, variety (in theaters).

=varios,-as=, several.

=varón=, m., man.

=vas=, pres. of =ir=.

=vaso=, m., glass.

=vaya=, pres. subj. of =ir=; as interj., come now! get along with you!

=Vd., Vds.=, see =V=.

=veas=, pres. subj. of =ver=.

=vecina=, f., neighbor.
=vecino=, m., neighbor.
=vega=, f., field.
=vegetación=, f., vegetation.
=veinte=, twenty.
=veinticinco=, twenty-five.
=veintinueve=, twenty-nine.
=veintiocho=, twenty-eight.
=veintiuno=, twenty-one.
=velado,-a=, veiled.
=velar=, to watch.
=vencer=, to conquer, overcome.
=vencido=, p.p. of =vencer=.
=vender=, to sell; betray; =no se vende=, it is not for sale.
=vendrán=, fut. of =venir=.
=venga=, pres. subj. of =venir=.
=venir, (vengo, vendré, vine, venido)=, to come; =—— a las manos=,
to come to blows.
=ventaja=, f., advantage.
=ventana=, f., window.
=ventanilla=, f., little window.
=ventrílocuo=, m., ventriloquist.
=ver, (veo, veré, ví, visto)=, to see, look, look at, judge.
=verano=, m., summer.
=veras=, f. pl., truth; =¿de ——?= indeed? is that true?
=verdad=, f., truth; =a la ——=, indeed, truly.
=verdadero,-a=, true, real.
=verde=, green.
=verdugo=, m., hangman, executioner.
=verdura=, f., verdure.
=verso=, m., verse.
=verter, (ie)=, to shed.
=vertiente=, f., slope, declivity.
=vestido=, m., suit, dress, clothes.
=vestir, (i)=, to dress.
=vete = ve + te=, imper. of =ir=.
=vez=, f., time (only as expressing series);
=a la ——=, altogether;
=cada —— más=, more and more steadily;
=otra ——=, once more;
=una ——=, once;
=dos veces=, twice;
=tal——=, perhaps.
=ví=, past abs. of =ver=.
=vía=, f., way, road.

=viajante=, m., traveler.
=viajar=, to travel.
=viaje=, m., journey.
=viajero=, m., traveler.
=vianda=, f., food.
=víbora=, f., viper.
=Vicente=, m., Vincent.
=victorioso,-a=, victorious.
=vida=, f., life.
=vidrio=, m., glass, windowpane.
=viejo,-a=, old.
=viejo=, m., old man.
=viendo=, pres. part. of =ver=.
=viene=, pres. of =venir=.
=viento=, m., wind.
=viera=, past subj., first form, of =ver=.
=viernes=, m., Friday.
=vigilante=, adj., watchful.
=vigilante=, m., watchman.
=vigilar=, to watch.
=vigorizar=, to strengthen.
=viniera=, past subj., first form, of =venir=.
=vino=, past abs. of =venir=.
=vino=, m., wine.
=violencia=, f., violence.
=virgen=, f., virgin.
=virrey=, m., viceroy.
=virtió=, past abs. of =verter=.
=virtuoso,-a=, virtuous.
=virtuoso=, m., virtuoso.
=visita=, f., visit.
=visitar=, to visit.
=vista=, f., view, sight, prospect.
=vistió=, past abs. of =vestir=.
=visto=, p.p. of =ver=.
=viva=, pres. subj. of =vivir=, as exclam., long live!
=vivir=, to live.
=vivo,-a=, alive, bright; =—— retrato=, living image.
=vizcaíno,-a=, Biscayan, of Biscay.
=V. M. = Vuestra Majestad=.
=vociferar=, to vociferate, shout, yell.
=volar, (ue)=, to fly.
=volver=, (=ue=, p.p. =vuelto=), to turn, return;
=——se a=, to return; =—— a poner=, to replace.
=volviendo=, pres. part. of =volver=.

=votar=, to vote.
=voy=, pres. of =ir=.
=voz=, f., voice.
=vuecelencia=, contraction of =vuestra excelencia=,
your excellency.
=vuecencia = vuecelencia=.
=vuelo=, m., flight.
=vuelta=, f., turn, return; =de ———=, back.
=vuelto=, p.p. of =volver=.
=vuestro,-a=, your.
=vulgar=, common, ordinary.
=vulgo=, m., rabble, common people.

=W=
=wagneriano,-a=, Wagnerian.
=Wáshington=, a state of the United States.
=Y=

=y=, and.
=ya=, already, certainly, indeed; =——— no=, no longer.
=yerro=, m., error, mistake, blunder.
=yo=, I.
=yugo=, m., yoke.

=Z=

=Zamora=, f., city in Spain; =no se tomó a ——— en una hora=,
Rome was not built in a day.
=zángano=, m., drone.
=¡zapatazas!= zounds! confound it!
=zapatería=, f., shoemaker's trade.
=zapatero=, m., shoemaker.
=zapato=, m., shoe.
=zapatón=, m., clumsy shoe.
=zarzuela=, f., a kind of operetta.
=¡zas!= zip!
=zona=, f., zone.
=zumbido=, m., humming, buzzing.

4 = cuatro
5 = cinco
6 = seis
7 = siete
8 = ocho
9 = nueve

10 = diez
11 = once
12 = doce
12.5 = doce (metros) y medio
13 = trece
14 = catorce
17 = diez y siete (or diecisiete)
20 = veinte
0,20 = veinte céntimos
21 = veinte y uno (or veintiuno)
22 = veinte y dos (or veintidos)
23 = veinte y tres (or veintitres)
24 = veinte y cuatro (or veinticuatro)
25 = veinte y cinco (or veinticinco)
30 = treinta
0,40 = cuarenta céntimos
48 = cuarenta y ocho
50 = cincuenta
0,50 = cincuenta céntimos (or_ media peseta)
60 = sesenta
63 = sesenta y tres
72 = setenta y dos
90 = noventa
100 = ciento
162 = ciento sesenta y dos
220 = doscientos veinte
250 = doscientos cincuenta
300 = trescientos
330 = trescientos treinta
765 = setecientos sesenta y cinco
767 = setecientos sesenta y siete
1300 = mil trescientos
1515 = mil quinientos quince
1534 = mil quinientos treinta y cuatro
1553 = mil quinientos cincuenta y tres
1573 = mil quinientos setenta y tres
1693 = mil seiscientos noventa y tres
1854 = mil ochocientos cincuenta y cuatro
1858 = mil ochocientos cincuenta y ocho
1867 = mil ochocientos sesenta y siete
1869 = mil ochocientos sesenta y nueve
1870 = mil ochocientos setenta
1871 = mil ochocientos setenta y uno
1895 = mil ochocientos noventa y cinco
1898 = mil ochocientos noventa y ocho

1904 = mil novecientos cuatro
1912 = mil novecientos doce
1913 = mil novecientos trece
1914 = mil novecientos catorce
3,000 = tres mil
13,000 = trece mil
20,000 = veinte mil
33,000 = treinta y tres mil
380,000 = trescientos ochenta mil
3,550,000 = tres millones quinientos cincuenta mil
7,470,000 = siete millones cuatrocientos setenta mil
16,000,000 = diez y seis millones
70,000,000 = setenta millones
75,000,000 = setenta y cinco millones
131,000,000 = ciento treinta y uno millones
200,000,000 = doscientos millones
264,000,000 = doscientos sesenta y cuatro millones
300,000,000 = trescientos millones
877,000,000 = ochocientos setenta y siete millones

Echo Library
www.echo-library.com

Echo Library uses advanced digital print-on-demand technology to build and preserve an exciting world class collection of rare and out-of-print books, making them readily available for everyone to enjoy.

Situated just yards from Teddington Lock on the River Thames, Echo Library was founded in 2005 by Tom Cherrington, a specialist dealer in rare and antiquarian books with a passion for literature.

Please visit our website for a complete catalogue of our books, which includes foreign language titles.

The Right to Read

Echo Library actively supports the Royal National Institute for the Blind's Right to Read initiative by publishing a comprehensive range of Large Print (16 point Tiresias font as recommended by the RNIB) and Clear Print (13 point Tiresias font) titles for those who find standard print difficult to read.

Customer Service

If there is a serious error in the text or layout please send details to feedback@echo-library.com and we will supply a corrected copy. If there is a printing fault or the book is damaged please refer to your supplier.

Lightning Source UK Ltd.
Milton Keynes UK
UKHW042009281019

352435UK00012B/20/P